O Tao de Warren Buffett

MARY BUFFETT & DAVID CLARK

O Tao de Warren Buffett

Título original: *The Tao of Warren Buffett*
Copyright © 2006 por Mary Buffett e David Clark
Copyright da tradução © 2020 por GMT Editores Ltda.
Publicado em acordo com a Scribner,
uma divisão da Simon & Schuster, Inc.
Todos os direitos reservados.

tradução Ivo Korytowski
preparo de originais Sérgio Rodrigues
revisão Luis Américo Costa, Shahira Mahmud, Tereza da Rocha
capa, projeto gráfico e diagramação Natali Nabekura
impressão e acabamento Lis Gráfica e Editora Ltda.

CIP-BRASIL. CATALOGAÇÃO NA PUBLICAÇÃO
SINDICATO NACIONAL DOS EDITORES DE LIVROS, RJ

C543t   Clark, David, 1955-
         O Tao de Warren Buffett / David Clark, Mary Buffett;
         tradução Ivo Korytowski. Rio de Janeiro: Sextante, 2020.
         192 p.; 12x18cm.

         Tradução de: The tao of Warren Buffett
         ISBN 978-65-5564-062-5

         1. Buffett, Warren, 1930-. 2. Investimentos. I. Buffett,
     Mary. II. Korytowski, Ivo. III. Título.

                            CDD 332.6
20-65775   CDU 330.322

Todos os direitos reservados, no Brasil, por
GMT Editores Ltda.
Rua Voluntários da Pátria, 45 – Gr. 1.404 – Botafogo
22270-000 – Rio de Janeiro – RJ
Tel.: (21) 2538-4100 – Fax: (21) 2286-9244
E-mail: atendimento@sextante.com.br
www.sextante.com.br

**Para nosso bom amigo e colega
buffettologista Bob Eisenberg**

Esta publicação contém as opiniões e ideias de seus autores. Não é uma recomendação para comprar ou vender os papéis de quaisquer das empresas ou fundos de investimento aqui discutidos. A publicação parte do pressuposto de que os autores e a editora não estão engajados na prestação de serviços legais, contábeis, de investimento ou outros de caráter profissional. Se o leitor precisar de assistência financeira especializada, ou outro tipo de assistência, ou aconselhamento legal, deve consultar um profissional competente. Nem os autores nem a editora podem garantir a precisão das informações aqui contidas.

Os autores e a editora isentam-se especificamente de toda responsabilidade por qualquer débito, prejuízo ou risco, profissional ou de outro tipo, contraído em consequência direta ou indireta do uso e da aplicação de qualquer conteúdo deste livro.

Sumário

Introdução **9**

Ficar e permanecer rico **13**

Empresas **43**

Os mentores de Warren **63**

Educação **73**

O local de trabalho **79**

Analistas, consultores, corretores: tolices a evitar **91**

Por que não diversificar **101**

Disciplina, prudência e paciência **109**

Cuidado com a insensatez da ganância **119**

Quando vender, quando sair **127**

Erros a evitar **139**

Seu círculo de competência **145**

O preço que você paga **159**

O valor econômico de longo prazo é o segredo para explorar a insensatez de curto prazo do mercado de ações **169**

Agradecimentos **189**

Introdução

Durante 12 anos (de 1981 a 1993) fui nora de Warren Buffett, o mais bem-sucedido investidor do mundo e agora um dos maiores filantropos.

Logo depois que me casei com o filho de Warren, Peter, e bem antes de a maior parte do mundo fora de Wall Street ter ouvido falar de Warren, visitei a casa da família em Omaha. Ali, conheci um pequeno grupo de estudiosos dedicados à sabedoria do grande investidor. Eles se autodenominavam buffettologistas. Um dos buffettologistas, David Clark, mantinha cadernos repletos de anotações – minuciosas e de leitura fascinante – sobre a sabedoria de Warren nos investimentos. Com base nos cadernos de David, ele e eu desenvolvemos mais tarde os livros sobre investimentos *Buffettology*, *The New Buffettology* e *The Buffettology Workbook*.

De todos os cadernos de David, meu favorito era o que continha muitos dos aforismos mais profundos de Warren, divertidíssimos de ler porque realmente instigavam a pensar. Como eu viria a descobrir mais tarde, para os buffettologistas esses aforismos se comparavam aos ensinamentos de um mestre taoista, no sentido de que quanto mais o estudioso os contempla, mais eles revelam.

Com o tempo, também passei a colecionar aforismos com que Warren nos brindava, fosse em momentos íntimos com a família ou em reuniões sociais que incluíam muitos luminares dos negócios. Nessas reuniões, Warren às vezes tomava a palavra e respondia às perguntas à maneira de um mestre, recompensando com sua grande sabedoria a paciência dos discípulos.

Quanto mais ouvia Warren, mais eu aprendia, não apenas sobre investimentos, mas também sobre negócios e a vida. Seus aforismos permanecem na nossa memória. Muitas vezes me vejo citando-os para defender um argumento ou pensando neles para me precaver de cometer um erro, como ser arrebatada pelo entusiasmo desenfreado de um mercado em alta. Eles me ensinaram até mesmo em que tipo de empresa devo me concentrar e qual o melhor momento de investir nela.

Mantendo-nos dentro do espírito taoista que cerca os ensinamentos de Warren, David e eu achamos que seria interessante criar *O Tao de Warren Buffett*, preenchendo-o com o que julgamos serem os aforismos mais sábios de Warren sobre investimentos, gestão de negócios, escolha de carreira e sucesso na vida. Essas palavras têm sido para nós amigas verdadeiras ao longo dos anos em que trilhamos nossos caminhos pelos negócios, não apenas na busca dos melhores investimentos mas de forma geral. Acrescentamos nossas interpretações de buffettologistas para ajudar a proporcionar um contexto e abrir a porta para uma exploração adicional dos sentidos mais recônditos e sutis dos aforismos.

Espero que este livro enriqueça seu mundo, tornando-o um lugar mais rentável e agradável para investir, trabalhar e viver.

— MARY BUFFETT
julho de 2006

Ficar e permanecer rico

· 1 ·

**Regra nº 1: Nunca perca dinheiro.
Regra nº 2: Nunca esqueça a regra nº 1.**

O grande segredo para ficar rico é fazer o dinheiro render para você, e quanto maior o montante inicial, melhor o rendimento. Um exemplo: US$ 100.000 rendendo juros compostos de 15% por 20 anos chegarão a US$ 1.636.653 no 20º ano, o que dá um lucro de US$ 1.536.653. Mas digamos que você tenha perdido US$ 90.000 do capital inicial antes mesmo de começar e só conseguiu investir US$ 10.000. Seu investimento chegaria então a apenas US$ 163.665 em 20 anos, com um lucro de US$ 153.665. Uma cifra bem menor. Quanto maior o montante de dinheiro perdido, maior o impacto na sua capacidade de ganhar dinheiro no futuro. Isso é algo que Warren nunca esqueceu. E era por isso que ele continuava dirigindo um velho Fusca muito tempo depois de se tornar milionário.

· 2 ·

**Fiz meu primeiro investimento
aos 11 anos. Eu vinha desperdiçando
a minha vida até então.**

É bom descobrir sua vocação bem cedo na vida, e no campo dos investimentos isso proporciona oportunidades inigualáveis de pôr em ação a magia dos rendimentos financeiros compostos. A hora de correr riscos é quando se é jovem, com muito tempo pela frente para lucrar com decisões sensatas.

As ações que Warren comprou aos 11 anos eram de uma companhia petrolífera chamada City Services. Ele comprou três ações a US$ 38 cada uma, apenas para vê-las cair para US$ 27. Não se desesperou e, depois que elas se recuperaram, vendeu-as a US$ 40 por ação. Pouco depois, o valor de cada ação disparou para US$ 200 e ele aprendeu sua primeira lição em investimentos: paciência. Boas coisas acontecem para quem espera – desde que você escolha a ação certa.

· 3 ·

Nunca tenha medo de pedir de mais ao vender e oferecer de menos ao comprar.

Warren entende que as pessoas se sintam constrangidas quando pedem um valor alto demais ao vender ou oferecem um valor baixo demais ao comprar. Ninguém quer ser visto como ganancioso ou mesquinho. Em termos simples, no mundo dos negócios, a quantia que você obtém com uma venda ou que você tem de pagar ao fazer uma compra determina se você ganha ou perde dinheiro e quão rico acaba se tornando. Uma vez iniciadas as negociações, você pode reduzir o preço de venda ou aumentar o preço de compra. Mas é impossível fazer o contrário.

Warren recusou muitos negócios por não satisfazerem seu critério de preço. Talvez o exemplo mais famoso seja a compra da ABC em parceria com a Capital Cities. Warren queria, pelo valor que estava disposto a oferecer, um quinhão maior da empresa do que a Capital Cities estava disposta a conceder – de modo que ele virou as costas e desistiu do negócio. No dia seguinte, a Capital Cities voltou atrás e ofereceu-lhe o que ele queria. Peça e talvez você receba, mas se não pedir...

· 4 ·

Não é possível fazer um bom negócio com uma pessoa ruim.

Uma pessoa ruim é uma pessoa ruim, e uma pessoa ruim nunca o tratará como você merece. O mundo tem pessoas boas e honestas em número suficiente para que fazer negócios com as desonestas seja pura tolice. Se você se pergunta "Devo confiar nessa pessoa?", melhor abandonar a mesa de negociações e procurar outra companhia mais honesta para fazer negócios. Assim como você não quer ter dúvida sobre a abertura de seu paraquedas quando for se atirar do avião, também não quer duvidar da integridade da pessoa com quem vai se atirar num negócio. Se já não pode confiar nela agora, poderá menos ainda no futuro. Melhor não confiar nunca nesse tipo de gente.

Warren aprendeu essa lição ao participar da diretoria da Salomon Brothers. Contrariando os conselhos de Warren, os banqueiros de investimentos da Salomon continuaram fazendo negócios com o magnata da mídia Robert Maxwell, cujas finanças, de tão precárias, lhe valeram o apelido de Bouncing Czech.* Após a morte pre-

---

* *Czech* é tcheco. Trocadilho com *bouncing check*, "cheque voador". (N. do T.)

matura de Maxwell, a Salomon se viu em maus lençóis para recuperar seu dinheiro.

A regra é simples: as pessoas íntegras estão predispostas a agir bem; as pessoas sem integridade estão predispostas a agir mal. Melhor não confundir os dois tipos.

· 5 ·

As grandes fortunas pessoais neste país não foram construídas com base numa carteira de 50 empresas. Foram construídas por alguém que identificou um negócio maravilhoso.

Se você fizer uma pesquisa sobre as famílias super-ricas dos Estados Unidos, constatará que, quase sem exceção, elas construíram sua fortuna sobre um só negócio excepcional. A família Hearst ganhou seu dinheiro no jornalismo; a família Walton, no varejo; a família Wrigley, com gomas de mascar; a família Mars, com doces; a família Gates, com software; e as famílias Coors e Busch, com cerveja. A lista não para e, quase sem exceção, sempre que se desviaram daquele negócio maravilhoso que as fez espantosamente ricas, elas acabaram perdendo dinheiro – como quando a Coca-Cola se aventurou no ramo cinematográfico.

A chave do sucesso de Warren é que ele foi capaz de identificar quais são as características econômicas exatas de um negócio maravilhoso: uma empresa com vantagem competitiva duradoura e que esteja gravada na mente do consumidor. Quando um americano pensa em goma de mascar, pensa na Wrigley; quando pensa em loja de descontos, pensa na Walmart; e quando pensa numa cerveja gelada, pensa na Coors ou na Budweiser. Essa posição privilegiada cria o poderio econômico. Warren aprendeu que, às vezes, a miopia do mercado de ações subestima grosseiramente essas empresas maravilhosas, e, quando isso acontece, ele entra em cena e compra o máximo de ações que pode. A empresa de Warren, a Berkshire Hathaway, é uma coleção de alguns dos melhores negócios dos Estados Unidos, todos eles super-rentáveis e comprados quando Wall Street os ignorava.

· 6 ·

Depois de assinar um contrato, não dá para voltar atrás; portanto, pense em tudo antes de assinar.

Warren aprendeu que, uma vez assinado, o negócio está fechado. Não é possível voltar atrás e repensar se foi um bom ou um mau negócio. Portanto, pense bem antes de assinar. É mais fácil falar do que fazer, pois, uma vez com aquele papel diante de seus olhos, a racionalidade pode ser sacrificada pela ânsia de fechar o negócio. Antes de assinar um contrato, imagine todas as coisas que podem dar errado – porque muitas vezes elas dão mesmo. O caminho das boas intenções está repleto de obstáculos que eram previsíveis. Pensar longa e profundamente antes de dar o salto o poupará de ter de pensar longa e profundamente em todos os problemas que acabou de comprar.

Warren esqueceu de incluir uma cláusula de não concorrência no contrato com Rose Blumkin, de 89 anos, ao comprar sua loja de móveis em Omaha, a Nebraska Furniture Mart (NFM). Alguns anos depois, a Sra. Blumkin aborreceu-se com a maneira como os negócios vinham sendo conduzidos na loja, de modo que saiu e abriu uma loja nova do outro lado da rua – roubando um monte de clientes da NFM. Após alguns anos de concorrência acirrada, Warren cedeu e concordou em comprar a loja nova por US$ 5 milhões. Na segunda vez, ele a fez assinar um acordo de não concorrência, e ainda bem que fez isso, pois ela continuou no ramo até os 103 anos.

· 7 ·

É mais fácil evitar problemas
do que resolvê-los.

É bem mais fácil evitar a tentação de infringir a lei para ganhar dinheiro fácil do que lidar com as consequências se você for pego. Para evitar problemas, basta fazer o que é certo na hora certa. Para resolvê-los, você precisa de muito dinheiro, muitos advogados e mesmo assim poderá acabar cumprindo pena por muito tempo.

Warren aprendeu essa lição quando quase perdeu todo o seu investimento de US$ 700 milhões na empresa Salomon Brothers de Wall Street. O Federal Reserve Bank (Fed) por pouco não fechou a empresa inteira por suas atividades ilegais de negociação de títulos – praticadas por um corretor que queria ganhar uma bolada fácil. Quanto custou se livrar do problema? Custou os empregos de muitos dos principais corretores da empresa, o emprego de seu presidente e CEO e milhões em honorários advocatícios, multas, processos e negócios perdidos. Teria sido bem mais fácil, e mais rentável, evitar os problemas.

· 8 ·

Invista como um católico se casa: para o resto da vida.

Warren sabe que, se você encara uma decisão de investimento da perspectiva de que nunca poderá desfazê-la, com certeza fará o dever de casa antes de se lançar de cabeça. Você não se atiraria a um casamento sem antes fazer sua pesquisa (namorar), discuti-lo com seus conselheiros (os amigos no bar) e pensar longa e profundamente a respeito, não é mesmo? Tampouco deve se atirar a um investimento sem saber muito sobre a empresa e ter certeza de que a compreende. Mas é o fator *vitalício* que realmente faz dinheiro. Veja este caso: em 1973, Warren investiu US$ 11 milhões na Washington Post Company e continuou casado com esse investimento até 2014. Nesses 40 anos em que foi fiel a ele, seu valor cresceu para mais de US$ 1 bilhão. A convicção de manter o rumo pode trazer recompensas celestiais, contanto que você tenha escolhido o rumo certo.

· 9 ·

Wall Street é o único lugar para onde as pessoas vão de Rolls-Royce pedir conselhos a quem pega o metrô.

Warren sempre achou estranho que homens de negócios extremamente bem-sucedidos e inteligentes, que dedicaram suas vidas a ganhar montanhas de dinheiro, peçam conselhos sobre investimentos a corretores de ações pobres demais para seguir seus próprios conselhos. E, se seus conselhos são tão bons, por que não são todos ricos? Será porque as comissões que você paga são bem melhores do que os conselhos que eles dão? Cuidado com pessoas que precisam usar seu dinheiro para tornar você rico, especialmente se quanto mais venderem para você, mais dinheiro ganharão. Muitas vezes o objetivo delas é usar o seu dinheiro para enriquecer. E se perderem o seu dinheiro? Bem, elas simplesmente sairão em busca de outra pessoa à qual vender seus conselhos.

Warren desconfia tanto da lealdade de Wall Street que se recusa até a examinar as projeções de negócios realizadas por seus analistas, porque, qualquer que seja a natureza do negócio, as projeções são sempre otimistas demais.

· **10** ·

A felicidade não traz dinheiro.

Warren nunca confundiu ser rico com ser feliz. Estamos falando de um sujeito que continua saindo com as mesmas pessoas do tempo do colégio e continua morando no mesmo bairro onde cresceu. O dinheiro não mudou quem ele é num nível fundamental. Quando estudantes lhe pedem que defina sucesso, ele diz que é ser amado por quem você quer que o ame. Você pode ser o homem mais rico do mundo, mas, sem o amor da família e dos amigos, seria também o mais pobre.

· 11 ·

Leva-se 20 anos para construir uma reputação e cinco minutos para perdê-la. Se você pensar nisso, fará as coisas de forma diferente.

Basta um ato insensato para que as notícias ruins na imprensa destruam uma boa reputação que levou uma vida para ser construída. Melhor não fazer algo que você sabe que está errado, porque, se você for pego, o preço que pagará poderá estar acima de suas possibilidades. Essa é uma crença que Buffett transmite a seus filhos desde que eram bebês.

Quando o escândalo contábil derrubou a gigante dos seguros AIG, Buffett disse a seus gerentes: "A investigação atual do setor segurador ressalta o imperativo da mensagem que envio regularmente a vocês no meu memorando semestral: a Berkshire pode se dar ao luxo de perder dinheiro, até muito dinheiro, mas não pode se dar ao luxo de perder reputação, nem mesmo um pouquinho. E a longo prazo obteremos a reputação que merecemos. Dá para ganhar bastante dinheiro no centro do campo. Não há necessidade de ficar jogando pelas pontas."

Wall Street está apinhada de gigantes caídos que deixaram a ganância prejudicar seu juízo e não seguiram esse conselho.

· 12 ·

**O mercado, como o Senhor, ajuda
a quem se ajuda. Mas, ao contrário
do Senhor, o mercado não perdoa aqueles
que não sabem o que fazem.**

O mercado de ações existe para enriquecê-lo se você souber o que está fazendo. Se você não souber o que está fazendo, ele não terá nenhuma compaixão e o deixará pobre. A ignorância, quando mesclada à ganância, é o material de que se constituem os desastres financeiros. Em 1969, no auge da alta do mercado naquela década, Warren achou que as ações estavam tão supervalorizadas que saiu totalmente das bolsas. Em 1973-74, o mercado sofrera uma total reversão e as ações eram vendidas a preço de banana. Warren comprou-as com o apetite de, em suas palavras, "um homem ávido por sexo em um harém de mulheres lindas". Muitas daquelas beldades depois o ajudaram a ficar bilionário.

Quanto aos investidores que permaneceram no mercado depois que Warren saiu, em 1969, grande parte ficou a ver navios quando o mercado despencou em 1973-74 e voltar para ele tornou-se impossível – é preciso dinheiro para comprar ações. Saber o que você está fazendo realmente ajuda.

· 13 ·

Eu não tento saltar barreiras de 2 metros de altura; prefiro procurar as de 30 centímetros, que eu posso transpor com facilidade.

Warren não mira nas estrelas. Não tenta fazer um *home run* em cada arremesso. Ele aguarda o arremesso perfeito e se atém ao que é seguro: empresas com produtos que não precisam mudar, negócios que ele sabe que continuarão existindo daqui a 20 anos, com ações vendidas agora a um preço que faria sentido mesmo se ele estivesse comprando a empresa inteira. Sorte dele que o enfoque de curto prazo do mercado de ações muitas vezes despreza a economia a longo prazo, o que significa que o mercado de ações muitas vezes atribui um preço errado a uma grande empresa. Warren não complica e deixa toda a leitura da sorte e estratégias de investimento complexas para os outros sujeitos de Wall Street.

No colapso do mercado de ações de 1973-74, era possível comprar ações da Ogilvy & Mather, uma das agências publicitárias mais fortes do mundo, por US$ 4 cada uma, enquanto o lucro por ação era de US$ 0,76 – um índice Preço/Lucro (P/L) de 5. Warren comprou um caminhão delas durante o colapso e vendeu-as muitos anos depois, após auferir uma taxa de retorno anual superior a 20%. Alguns investimentos são simples assim.

· **14** ·

**Os grilhões do hábito são leves demais
para serem sentidos, até que ficam pesados
demais para serem rompidos.**

Essa é uma citação que Warren faz do filósofo inglês Bertrand Russell, porque suas palavras descrevem perfeitamente a natureza insidiosa de hábitos de negócios ruins, que só se tornam aparentes quando é tarde demais. Hábitos como reduzir custos depois que sua empresa está em dificuldades, algo que você deveria ter feito antes mesmo de se aproximar do perigo. A empresa que incha com despesas desnecessárias em épocas de fartura é a empresa que afundará quando a situação piorar. Essa propensão a se autoiludir também revela muito sobre o tipo de administração que deixou as despesas engordarem. Melhor verificar com atenção aonde os seus hábitos o estão conduzindo bem antes de chegar lá. O momento de mudar de rumo é antes de descobrir que seu navio está afundando num mar de problemas.

Foi o que aconteceu a Warren com sua estratégia de investimento, inspirada em Benjamin Graham, de comprar ações baratas, vendidas abaixo do valor nominal, independentemente da perspectiva econômica de longo prazo da empresa. Isso foi algo que ele conseguiu fazer com grande sucesso durante a década de 1950 e no início dos anos

1960. Mas Warren manteve sua abordagem quando ela já não era mais viável. Quando enfim acordou para o fato de que a onda das pechinchas de Graham se encerrara, mudou para uma estratégia de comprar empresas excepcionais a preços razoáveis e, depois, mantê-las por longos períodos – deixando assim o valor da empresa aumentar. Com a estratégia antiga ele ganhou milhões, mas com a nova ganhou bilhões.

· **15** ·

**Casar por dinheiro provavelmente
é uma má ideia em quaisquer
circunstâncias, mas é uma loucura
absoluta se você já for rico.**

As pessoas espertas sabem que, se você se casar por dinheiro, terá que fazer jus a cada centavo. Portanto, se você já é rico, por que cargas-d'água vai querer se esforçar tanto? É mais fácil casar por amor e ganhar o dinheiro depois. Foi o que Warren fez com sua esposa, Susie – eles encontraram o amor e depois foram fazer uma fortuna. Além disso, o casal que ganha dinheiro junto costuma ser o casal que permanece junto. E, se não permanecer junto, pelo menos terá um monte de dinheiro pelo qual brigar. (Warren se cala sobre a sabedoria do divórcio.)

· 16 ·

**Não é preciso fazer
coisas extraordinárias para obter
resultados extraordinários.**

Como um investidor, você não precisa tentar enriquecer da noite para o dia para acabar ficando rico. Warren está visando a uma taxa de retorno anual de 20%, não uma taxa de retorno anual de 200%. Invista US$ 100.000 por 20 anos a 20% ao ano e você acabará tendo US$ 3,8 milhões; conserve o investimento por 30 anos e você acabará tendo US$ 23,7 milhões. Você ganha o jogo correndo com a bola – não dando um chutão para a frente. Com o mundo tentando obter um retorno anual de 100%, inúmeros erros vêm sendo cometidos quanto às perspectivas empresariais de longo prazo, o que torna bem fácil obter um retorno anual de 20%.

· 17 ·

Você deve ver as ações como pequenas parcelas de uma empresa.

Às vezes, quando as pessoas investem, esquecem que estão na verdade comprando uma participação fracionária numa empresa. Warren gosta de ver as ações como a posse de uma pequena parcela de uma empresa. Desse modo, consegue julgar se está pagando demais pela empresa. Ele multiplica o preço da ação pelo número de ações em circulação, depois pergunta se esse seria um bom negócio ou um mau negócio caso estivesse comprando a empresa inteira. Se o preço é alto demais para comprar a empresa inteira, também é alto demais para comprar ações, mesmo que seja uma só. Esse pensamento é suficiente para evitar que você se veja envolvido no frenesi especulativo que costuma acompanhar um mercado em alta, pois raramente as favoritas de Wall Street e outros papéis badalados são vendidos por preços pelos quais faria sentido comprar a empresa inteira.

· 18 ·

**Minha ideia de decisão em grupo
é olhar para o espelho.**

Warren não é uma pessoa que procure nos outros a afirmação de suas ideias, porque muitas delas são o contrário do que o rebanho está pensando. Para ganhar muito dinheiro no mundo dos investimentos, você precisa aprender a pensar de forma independente; para pensar de forma independente, precisa estar confortável com o isolamento.

Warren tem um histórico de isolamento que remonta ao início de sua carreira como investidor. Ele optou por viver em Omaha, em vez de Nova York, porque ali havia menos influência de Wall Street. Comprou ações da Berkshire Hathaway quando ninguém as queria; comprou ações da Washington Post Company quando ninguém as queria; comprou ações da General Foods quando ninguém as queria; comprou ações da RJR Tobacco quando ninguém as queria; comprou ações da GEICO quando ninguém as queria; comprou os títulos do Washington Public Power Supply System (o sistema de suprimento de energia elétrica do noroeste dos Estados Unidos) quando ninguém os queria; e comprou os chamados *junk bonds* (papéis de alto risco) quando ninguém os queria. Alguns desses investimentos ele mantém até hoje, outros ele vendeu após mantê-los por alguns anos, mas em cada um deles ganhou uma fortuna. Se precisasse do voto de confiança de alguém em Wall Street, teria perdido o bonde em todos esses ótimos investimentos.

· 19 ·

**Se não consigo ganhar dinheiro no mercado
americano, que vale US$ 5 trilhões,
talvez seja fantasioso imaginar que bastará
viajar alguns milhares de quilômetros para
eu começar a mostrar meu valor.**

O estranho dessa citação é que, 10 anos depois, Warren cruzou as fronteiras para mostrar o seu valor. Em 2003, comprou uma participação de cerca de US$ 500 milhões na PetroChina, uma companhia petrolífera 90% pertencente ao governo chinês, o que significa, como Warren observou com bom humor, que "juntos, nós dois controlamos a empresa". A PetroChina é a quarta empresa de petróleo mais rentável do mundo. Produz tanto petróleo bruto quanto a Exxon, e Warren comprou suas ações a um terço do valor das companhias petrolíferas ocidentais. Pois saiba que em apenas três anos elas subiram 400%. Se isso não é mostrar o seu valor, não sei o que é.

· 20 ·

**Invista seu dinheiro
numa empresa que até um idiota
consiga administrar,
porque um dia um idiota o fará.**

Existem empresas com ótimos fundamentos econômicos e empresas com maus fundamentos econômicos. Você deve investir nas que têm ótimos fundamentos econômicos porque é difícil afundar empresas desse tipo. As empresas em que Warren investiu, como Coca-Cola, Budweiser, Walmart, Wrigley, Hershey e H&R Block, são quase à prova de idiotas. Você sabe que vai ganhar dinheiro com essas empresas mesmo que um idiota se torne CEO. Mas se, ao contrário, for motivo de preocupação a hipótese de um idiota tocar o negócio, talvez a empresa não seja tão boa assim e você não deva estar nela.

· 21 ·

A cada investimento que faz, você deve ter a coragem e a convicção de aplicar pelo menos 10% de seu patrimônio líquido naquela ação.

A convicção se baseia no que você sabe que vai acontecer; a fé se baseia no que você espera que aconteça. Para ganhar dinheiro no jogo dos investimentos, você precisa de convicções, o que significa que precisa saber o que está fazendo. Uma maneira segura de atingir o nível de convicção de Warren é investir quantias significativas. Isso faz com que você se concentre e não deixe de fazer o dever de casa antes de investir. Mas, se sua estratégia de investimento se baseia na fé, nem adianta rezar.

· 22 ·

O dinheiro, até certo ponto, às vezes permite que você circule em ambientes mais interessantes. Mas ele não pode mudar o número de pessoas que o amam ou quão saudável você é.

A verdade é que somas excessivas de dinheiro podem transformar sua vida num inferno. Seus filhos não trabalharão porque acham que vão herdar sua fortuna, o que significa que nunca adquirirão a autoestima proporcionada pelo trabalho e acabarão amargurados e torcendo o tempo todo para que você morra logo. Se você for podre de rico, pode acabar cercado por um bando de puxa-sacos que encherão sua vida de mentiras para afagar suas ilusões de grandeza até você parecer um idiota para o resto do mundo. E, em vez de fazer coisas empolgantes com seu dinheiro e sua vida, você acabará por gastar todo o seu tempo protegendo sua riqueza dos empregados, advogados, contadores e dos chamados gerentes de investimentos, que o ajudarão, um por um, a transferir seu dinheiro para eles.

Warren acredita que herdeiros de grandes fortunas tendem a não fazer nada da vida, e também não considera bom para a sociedade que exista uma classe superior baseada na herança. Acha que um país prospera mais se a sociedade for uma meritocracia, com as pessoas ganhando o que conseguem ganhar. Por esse motivo, doou a fortuna de US$ 32 bilhões que fez com investimentos para obras de caridade, a fim de que ela volte para ajudar a própria sociedade que a gerou. Que esse pensamento nobre conquiste o coração de todos os que fazem fortuna no mundo.

Empresas

· 23 ·

**Tudo o que não possa prosseguir
para sempre terá um fim.**

Um preço de ação que está subindo rapidamente deixará de subir quando a realidade econômica da empresa enfim prevalecer. Pode parecer que ele subirá para sempre, mas, se a empresa deixar de cumprir as expectativas que fazem o preço subir, suas ações alcançarão o pico e depois afundarão como um tijolo.

A maioria das empresas que agora vai bem estará mal em algum ponto do futuro. As coisas mudam – é uma questão de tempo. Chicotes para cocheiros já foram um grande negócio nos Estados Unidos, videocassetes já foram uma sensação, vender e consertar máquinas de escrever foi uma parte necessária e intricada da equação comercial. Agora fazem parte do passado, sem nenhum potencial econômico. As coisas acabam, motivo pelo qual você deve ficar de olho não apenas na bola, mas também na estrada à frente.

Várias vezes Warren investiu em empresas que chegaram ao fim ou sofreram um declínio radical sob seu comando, afetadas por um ambiente de negócios cambiante no qual se viram impotentes para ganhar dinheiro. Mesmo um gênio pode interpretar errado a estrada à frente.

· 24 ·

**Quando uma administração
com reputação de ser brilhante enfrenta
uma empresa com reputação de ter maus
fundamentos econômicos, é a reputação
da empresa que permanece intacta.**

Existem grandes empresas – com fundamentos econômicos sólidos – que dispõem dos recursos financeiros para dar a volta por cima quando estão em apuros. E existem empresas medíocres – com maus fundamentos econômicos – que são impossíveis de serem salvas por mais brilhantes que sejam os gerentes. Uma ótima empresa está sempre nadando em dinheiro, sua dívida é pequena ou nula e ela está numa boa posição para bancar a solução dos problemas ou sobreviver aos períodos de retração da economia. Empresas medíocres estão sempre correndo atrás de dinheiro e vivem cheias de dívidas, e, se entram em apuros, geralmente têm de roubar de fulano para pagar a beltrano, o que gera ainda mais problemas. Mesmo que uma empresa medíocre tenha uma gestão brilhante, seus fundamentos econômicos ruins a manterão para sempre ancorada em resultados ruins.

· 25 ·

A contabilidade é o idioma
dos negócios.

Existem muitas maneiras de descrever o que está acontecendo com uma empresa, mas, seja lá o que se diga, sempre se retorna à língua da contabilidade. Quando a filha de um de seus parceiros de negócios perguntou a Warren quais cursos deveria fazer na faculdade, ele respondeu: "Contabilidade; é o idioma dos negócios." Para interpretar as demonstrações financeiras de uma empresa, você tem que saber interpretar os números. Para isso, precisa aprender contabilidade. Se você não sabe ler o placar, não sabe como anda o jogo, o que significa que não consegue distinguir os vencedores dos perdedores.

· 26 ·

**Reviravoltas raramente
acontecem.**

O mundo está cheio de empresas com maus fundamentos econômicos cujas ações são vendidas a preços que parecem pechinchas. Warren procura uma boa empresa cujas ações sejam vendidas a um preço justo, ou, ainda melhor, uma ótima empresa a preço de pechincha (o que é difícil de achar). Empresas ruins continuam sendo empresas ruins, qualquer que seja o preço que você pague por elas. O preço da ação pode mudar, mas o caráter subjacente da empresa tende a permanecer o mesmo. Se for uma boa empresa, permanecerá uma boa empresa, e, se for uma empresa ruim, permanecerá uma má empresa. Empresas ruins não podem ser transformadas em empresas ótimas. Somente nos contos de fadas sapos se transformam em príncipes, e, embora muitos CEOs acreditem que têm o poder do beijo mágico, 95% dos sapos beijados continuam sapos – e os 5% que se transformam provavelmente nunca foram realmente sapos. Warren acredita que a mesma energia gerencial e o mesmo capital seriam mais bem empregados na compra de uma empresa com bons fundamentos econômicos vendida a um preço justo do que em assumir uma empresa ruim que necessita de um beijo mágico, ainda que esteja sendo vendida por uma pechincha. Após beijar alguns sapos na vida, ele concluiu que o gosto não é bom.

· 27 ·

**Se uma empresa vai bem,
a ação acabará subindo.**

Um fenômeno do mercado em que Warren confia é que, se os fundamentos econômicos forem bons por um longo período, o preço da ação subirá de modo a refletir o aumento subjacente do valor da empresa. De forma semelhante, se os fundamentos econômicos forem ruins por um longo período, o preço da ação cairá para refletir melhor o valor subjacente da empresa. O valor a longo prazo da empresa tende a corrigir a situação, em qualquer direção. Desse modo, as ações da internet cujos preços dispararam durante a euforia do mercado caíram vertiginosamente quando não se conseguiu ganhar dinheiro no longo prazo. De forma semelhante, grandes empresas cujas ações despencaram no colapso da bolsa de valores viram sua rápida recuperação assim que o mercado percebeu que seu poder de rendimento permanecera intacto.

Se você compra uma ação cujo preço anda depreciado, é bom conferir se os fundamentos econômicos de longo prazo da empresa continuam bons. Para o preço da ação melhorar, a empresa precisa se sair bem, e uma grande ajuda para isso é ser antes de mais nada uma grande empresa.

Washington Post Company, Coca-Cola, Disney, American Express, General Foods, Wells Fargo, Interpublic Group e GEICO eram todas empresas com excelentes fundamentos a seu favor na época em que Warren comprou suas ações, mas com cotações prejudicadas por um problema passageiro, remediável, uma recessão do setor ou um mercado em baixa. Com cada uma dessas empresas, os fundamentos econômicos de longo prazo acabaram fazendo com que o mercado reavaliasse as cotações de suas ações consideravelmente para cima.

· 28 ·

Gerenciar sua carreira é como investir: o grau de dificuldade não acrescenta nada. Portanto, você pode poupar dinheiro e sofrimento pegando o trem certo.

É preciso saber não apenas em qual tipo de empresa investir, mas em qual tipo trabalhar. Se alguém vai trabalhar para uma empresa com maus fundamentos econômicos de longo prazo, jamais poderá esperar grandes progressos, porque a empresa não progredirá. Os salários ficarão abaixo da média, os aumentos serão poucos e espaçados, e o risco de perder seu emprego será maior, porque a gerência estará sempre sob pressão para reduzir custos.

Mas, se você for trabalhar para uma empresa favorecida por ótimos fundamentos a longo prazo, a empresa estará nadando em dinheiro. Isso significa salários maiores e uma fartura de aumentos e promoções por um serviço bem-feito. Além disso, haverá bastante margem para progredir na carreira, pois a administração procurará meios de gastar todo aquele dinheiro disponível.

Você deve trabalhar para uma empresa com altas margens e que ganhe rios de dinheiro. E se manter longe de empresas com baixas margens e que percam dinheiro. A primeira é uma viagem de trem na primeira classe para Shangrilá; a outra é uma viagem longa, lenta e desconfortável, num trem de carga, para algum fim de mundo.

· 29 ·

**A reação de uma administração
fraca a negócios fracos costuma ser
uma contabilidade fraca.**

Se uma empresa vem sendo solapada por fundamentos econômicos ruins e a administração carece de integridade, esta apoiará uma contabilidade fraca, que se manifesta na criação de rendas inexistentes. Isso é facílimo de fazer: basta registrar um custo como investimento numa sociedade, depois fazer com que a sociedade lhe pague uma taxa sobre o dinheiro que você investiu nela, que você registra como renda. Reduza os custos e aumente a renda com umas poucas canetadas. O aumento dos lucros fará com que os acionistas e Wall Street o aplaudam, o que fará o preço da ação subir e lhe valerá um grande e suculento bônus de milhões de dólares e um convite para almoçar com o presidente. A Enron vem logo à cabeça, mas não é a única...

· 30 ·

**Existe uma diferença enorme
entre a empresa que cresce e precisa de
montanhas de capital para isso e a
empresa que cresce sem precisar de capital.**

Esse é o grande segredo da estratégia de Warren de comprar e conservar para sempre. Se você compra e conserva ações de uma empresa que requer montanhas de capital para crescer, o valor das ações nunca aumentará. O motivo é o dreno constante de capital necessário para evitar que a empresa afunde diante da concorrência. Se você precisa gastar bilhões reprojetando seu mix de produtos a cada cinco anos, esses são bilhões que não podem ser gastos expandindo as operações ou comprando empresas novas ou recomprando as próprias ações. Mas uma empresa capaz de crescer sem infusões novas de capital pode se dar ao luxo de gastar seu excesso de dinheiro dessa forma, aumentando o lucro por ação da empresa, o que por sua vez fará o preço da ação aumentar. É por isso que Warren tem preferência por empresas como Wrigley e Coca-Cola sobre GM ou Intel. Como empresas como Wrigley e Coca-Cola nunca precisam gastar bilhões reprojetando seus produtos ou readaptando suas fábricas, sobra bastante dinheiro para gastar em algo divertido como recomprar suas próprias ações. GM e Intel, por outro lado, precisam gastar constantemente bilhões em projetos novos e readaptação. Se qualquer uma delas parasse de gastar bilhões em projetos novos ou readaptação, seria derrubada pela concorrência. Se uma empresa precisa de montanhas de capital para crescer, nunca tornará você rico, e, se não precisa de montanhas de capital para crescer, jamais deixará você pobre.

· 31 ·

Numa empresa em dificuldades, tão logo um problema é resolvido, outro vem à tona – nunca existe só uma barata na cozinha.

Uma empresa com fundamentos econômicos ruins é um barco lento para lugar nenhum, constituindo um péssimo investimento a longo prazo. A natureza intensamente competitiva dos negócios fará com que ela sofra de margens baixas nas vendas e tenha uma necessidade constante de modernizar a fábrica para permanecer competitiva. Se seus produtos precisam viver mudando para permanecerem competitivos, existe o problema adicional de financiar a pesquisa e o desenvolvimento. Por exemplo, se uma montadora de automóveis decide mudar sua linha de produtos, terá de gastar bilhões em readaptação. Um palpite errado pode causar a falência da operação inteira. Tudo isso drena capital que poderia ser gasto para aumentar os lucros, seja expandindo as operações, comprando empresas novas ou recomprando as próprias ações. Essas crises constantes de margens e lucros baixos implicam uma eterna batalha com os custos, e, se você acrescentar a concorrência da mão de obra estrangeira, poderá se descobrir numa empresa que não é mais operacionalmente viável em sua forma atual. No jogo do investimento a longo prazo, esses são os tipos de empresa dos quais é melhor se manter afastado. Warren as evita como uma peste, mesmo que o mercado de ações as esteja oferecendo de graça.

· 32 ·

É sempre possível aumentar as vendas apostando em produtos mais baratos e populares, mas depois é difícil retornar aos produtos mais caros e sofisticados.

Certos produtos estão gravados na sua mente – são os produtos de marcas que lhe vêm à cabeça diante de uma necessidade específica. Kleenex, Tampax, Windex, Snickers, Wrigley, Disney e Coca-Cola são todas marcas que estão gravadas na mente dos consumidores americanos. Conquistar a mente do consumidor envolve um conjunto de expectativas quanto àquele produto. E, porque todos esses produtos atendem essas expectativas, seus fabricantes podem cobrar um preço maior para satisfazer as necessidades dos consumidores. Os fabricantes gastam milhões para alçar seus produtos a essa posição privilegiada.

Entretanto, se um fabricante, em nome do aumento dos lucros, diminui a qualidade de seus produtos, pode correr um risco enorme de perder a preferência dos consumidores. Já vimos isso acontecer – um produto de qualidade que adoramos, até que o fabricante o barateia e deixamos de consumi-lo. Uma vez que isso aconteça, é difícil para o fabricante voltar atrás, porque a experiência ruim com o produto agora está gravada na mente do consumidor.

· 33 ·

Quando um CEO é encorajado por seus assessores a comprar empresas, ele reage como um adolescente encorajado pelo pai a ter uma vida sexual ativa. Não é o tipo de incentivo de que ele precise.

Como disse certa vez Blaise Pascal, um influente matemático e filósofo francês: "Todas as misérias do homem derivam de sua incapacidade de ficar quieto sozinho num quarto." Os CEOs não conseguem ficar quietos; estão predispostos a comprar empresas, com a ilusão de que estão fazendo algo para justificar seus salários incrivelmente altos. Além disso, geralmente é mais fácil comprar novos problemas do que consertar os antigos. A solução de Warren para esse apetite voraz de crescer mediante aquisições é só comprar empresas com algum tipo de vantagem competitiva durável e que possuam fundamentos econômicos sólidos a seu favor, como mostram seus altos retornos sobre o patrimônio e seus lucros gordos e consistentes. Os outros gêneros de empresa ele rotulou como do tipo commodity, caracterizadas por baixos retornos sobre o patrimônio e lucros instáveis. Como a maioria das empresas no mundo se enquadra no tipo commodity, é fácil para Warren se manter quieto – mas, quando aparece uma empresa com uma vantagem competitiva durável, ele salta em cima dela 10 minutos depois de ter detectado o negócio.

· 34 ·

**Você não precisa recuperar o dinheiro
da mesma forma que o perdeu.**

Os investidores novatos às vezes acham que o único jogo que existe é a ação com a qual acabaram de perder dinheiro, de modo que continuam apostando nela, como se fosse um jogo no cassino, esperando por uma virada da sorte. Mas na bolsa de valores, ao contrário dos jogos de azar dos cassinos, o risco varia substancialmente de uma ação para outra, com base sobretudo em dois fatores: a qualidade da empresa e o preço que você paga por suas ações em relação a essa qualidade. Quanto maior a qualidade, menor o risco, e quanto menor o preço em relação à qualidade da empresa, menor o risco. Na maior parte do tempo, a qualidade alta vem acompanhada de um preço alto, o que não é um bom negócio, mas ocasionalmente o mercado de ações exibe um comportamento anormal e você obtém alta qualidade a preço baixo. É aí que se ganha dinheiro fácil. O que você deve evitar são empresas de baixa qualidade com ações caras, porque é aí que se perdem fortunas. Baixa qualidade e preço alto em relação à qualidade da empresa são um aviso para você ficar longe, e alta qualidade e preço baixo em relação à qualidade da empresa são um sinal para você entrar no jogo. Mas cada ação individual é um jogo novo, com chances novas, que mudam conforme muda o preço da ação; portanto, aguarde até encontrar um jogo em que as chances lhe sejam tão favoráveis que você tenha uma margem de segurança e aí aposte alto. O estranho no mercado de ações é que, ao contrário de um cassino, ocasionalmente ele lhe proporciona uma aposta segura. O segredo de Warren está na aposta segura.

· 35 ·

Procuro empresas que me dão a impressão de que posso prever como serão daqui a 10 ou 15 anos. Veja o caso da goma de mascar Wrigley. Não creio que a internet vai mudar a maneira como as pessoas mascam chiclete.

Produtos estáveis equivalem a lucros estáveis. Se o produto não precisa mudar, você pode auferir todos os benefícios de não ter de gastar dinheiro em pesquisa e desenvolvimento nem se tornar vítima dos altos e baixos da moda. Pense na cerveja, nos refrigerantes e nos doces. A Budweiser produz a mesma cerveja há mais de 100 anos, a Coca-Cola vende a mesma água mágica, adocicada e cor de caramelo, há mais de 100 anos e a Wrigley produz a mesma goma de mascar há – adivinhou! – mais de 100 anos. Captou a tendência aqui? Você acha que consegue prever o que provavelmente essas empresas estarão vendendo daqui a 15 anos? Em caso positivo, quem sabe você se torne o próximo Warren Buffett?

Os mentores
de Warren

· 36 ·

**Alguém está sentado à sombra
hoje porque alguém plantou uma árvore
tempos atrás.**

Se não fosse o trabalho duro do mentor de Warren, Benjamin Graham, para desenvolver o conceito de *value investing* (investimento de valor), Warren talvez nunca saísse de trás do balcão da mercearia do avô. Pois é fácil se tornar brilhante em sua atividade quando você se ergue sobre os ombros de um gigante – o segredo está em escolher o gigante certo. No caso de Warren, ele escolheu Graham, um homem conhecido como o Decano de Wall Street. Graham desenvolveu o conceito de *value investing* e deu um curso sobre esse tema na Columbia University, em Nova York. Warren fez o curso de Graham e, nas palavras do colega de turma Bill Ruane, "centelhas circulavam entre os dois". Após Columbia, Warren foi trabalhar na firma de investimentos de Graham em Wall Street, e o resto da história é o material de que se constituem as lendas financeiras.

· 37 ·

Com informações privilegiadas suficientes e US$ 1 milhão, você pode ir à falência em um ano.

Caia na real: no momento em que uma informação privilegiada chega até você, todo mundo já a ouviu e já a aproveitou. Além disso, é ilegal negociar com base em informações privilegiadas. Warren afirmou várias vezes que uma das vantagens de morar em Omaha é que não há ninguém por perto para sussurrar notícias sigilosas no seu ouvido na hora do almoço. Sempre vemos tipos inescrupulosos lançando rumores para provocar a alta de ações e depois desová-las no colo de investidores ingênuos. Bernard Baruch, grande investidor da década de 1920, ficou famoso por se desfazer de uma ação assim que alguém lhe dava uma dica quente sobre ela. Morreu riquíssimo.

· 38 ·

Leia Ben Graham e Phil Fisher, leia relatórios anuais, mas não se meta a resolver equações que contenham letras gregas.

Ben Graham ensinou que você só deve comprar uma ação que esteja sendo vendida a um preço baixo em relação ao seu valor a longo prazo. O preço baixo lhe dará uma margem de segurança contra calamidades. Phil Fisher disse que você deve comprar ações de empresas de alta qualidade, depois conservá-las por um bom tempo e deixar que os lucros assim retidos façam crescer seu valor. Warren tomou o "Compre a um preço baixo para obter uma margem de segurança" de Ben e juntou-o ao "Compre ações das empresas de alta qualidade e conserve-as por um bom tempo". O resultado: "Compre ações de empresas de alta qualidade a preços baixos em relação ao seu valor e depois conserve-as por um bom tempo." Essa é uma daquelas equações em que a soma é maior do que as partes. Warren acabou ganhando muito mais dinheiro do que Ben ou Phil, que foram os mestres investidores de seu tempo. Quanto às equações que contêm letras gregas, elas são para os sujeitos de Wall Street que não se dedicaram a ler Ben e Phil.

· 39 ·

Sou um investidor melhor porque sou empresário, e sou um empresário melhor porque sou investidor.

Um empresário esperto sabe distinguir uma empresa boa de uma ruim – e um investidor esperto sabe quando uma empresa está sendo vendida barato ou a um preço excessivo. Assim, para ser um bom investidor, você precisa ser como o empresário e saber distinguir uma empresa boa de uma ruim, e, quando for comprar uma empresa, precisa ser como o investidor esperto e saber se a ação está barata ou cara. Una os dois lados e você poderá ganhar bilhões.

No início, Warren só estava preocupado com o histórico financeiro das empresas, sem se importar realmente com seus produtos. Seu mentor, Graham, acreditava que os números refletiam tudo que se precisa saber. Ele não distinguia uma empresa do tipo commodity (como a de têxteis), que tem fundamentos econômicos de longo prazo ruins, de uma empresa monopolista de bens de consumo (como a Coca-Cola), que tem ótimos fundamentos econômicos de longo prazo. Mas, quando Warren passou a gerenciar uma empresa do tipo commodity em dificuldades, logo percebeu que eram as empresas do tipo monopolista de bens de consumo que tinham a vantagem competitiva e estavam gerando resultados superiores. Graham comprava qualquer coisa, contanto que fosse barata. Warren só compra empresas do tipo monopolista de bens de consumo que possuam vantagem competitiva e nem precisa esperar até que estejam baratas. Um preço justo é tudo de que necessita, se conservar as ações por tempo suficiente, para ganhar seus bilhões.

· 40 ·

Se os princípios se tornam ultrapassados, não são mais princípios.

Warren acordou certa manhã e descobriu que os princípios de investimento que aprendera com seu professor Graham tinham deixado de ser úteis. Graham defendia a compra de empresas baratas, independentemente dos fundamentos econômicos. Essa estratégia funcionou bem nas décadas de 1940 e 1950, mas foi perdendo a eficácia à medida que um grupo maior de investidores começou a praticar esse tipo de investimento – foi ficando cada vez mais difícil encontrar os ovos de ouro. Em vez de permanecer nessa rota, Warren abandonou o navio e adotou a filosofia de investir em empresas excepcionais com uma vantagem competitiva durável, contanto que suas ações estivessem sendo vendidas a preços razoáveis – depois ele deixaria que a maré alta do tempo e dos lucros elevasse o preço da ação. Essa filosofia nova fez com que passasse de rico a super-rico.

Um excelente exemplo disso foi seu investimento na Coca-Cola, por cujas ações pagou cerca de 20 vezes o lucro por ação. O velho Warren jamais teria feito tal investimento, porque as técnicas de avaliação de Graham o teriam considerado caro demais. Mas para o novo Warren tratava-se de um preço mais do que justo, que o recompensou na casa dos bilhões. Às vezes é bom para um leopardo mudar a forma de suas manchas.

· 41 ·

Paga-se um preço alto demais no mercado de ações por um consenso festivo.

Se todos concordam que certa ação será a próxima Microsoft, você terá de pagar um preço alto – o que deixa pouca margem para lucros e muita para perdas. Bom é encontrar uma ação em que ninguém esteja prestando atenção ou que não esteja nas boas graças dos grandes fundos de investimento, vendida a um preço baixo em relação ao seu valor econômico de longo prazo. Muitas que subiram cairão, e muitas que caíram voltarão a subir. Esse era o grito de guerra do mentor de Warren, Benjamin Graham. É a parte do voltar a subir que nos interessa: não queremos pagar preços estratosféricos por ações que estão só esperando para cair; queremos pagar uma pechincha por ações que estão só esperando para subir.

Educação

· 42 ·

Se cálculo ou álgebra fossem pré-
-requisitos para um grande investidor,
eu teria que voltar a entregar jornais.

De acordo com Warren, as habilidades matemáticas necessárias para você ser um grande investidor são soma, subtração, multiplicação, divisão e a capacidade de calcular rapidamente porcentagens e probabilidades. Qualquer coisa a mais, como diriam os franceses, é um desperdício. Qualquer coisa a menos e você ficará fora do jogo.

· 43 ·

Você tem que pensar por si mesmo. Sempre me surpreende como pessoas com alto QI imitam os outros cegamente. Eu nunca tenho boas ideias conversando com outras pessoas.

Muitos sujeitos com QI alto acham que para ficar rico é preciso imitar os outros. Isso se deve, em parte, a um sistema educacional que recompensa imitar o professor. Em Wall Street, a estratégia de investimento dominante baseia-se em imitar o que o rebanho está fazendo – é mais fácil vender algo popular do que algo impopular. Warren não está tentando vender investimentos a ninguém – ele só está tentando enriquecer com seus investimentos. Isso não se consegue seguindo o rebanho, e sim identificando ações que Wall Street hoje rejeita, mas pelas quais dará a vida amanhã. Quanto aos que seguem o rebanho... bem, costumam perder um tempão limpando a sola de seus sapatos.

· 44 ·

Quanto mais inteligentes os jornalistas, melhor para a sociedade.

Obtemos da mídia as nossas informações para processar ideias de investimentos, o que significa que somos totalmente dependentes dos jornalistas para obter dados precisos e análises apropriadas do que está acontecendo. Você quer pessoas burras nos mantendo informados ou quer pessoas inteligentes realizando o serviço? Warren sempre defendeu a ideia de que quanto melhor o professor, mais inteligente é o grupo de alunos. Desse modo, quanto mais inteligentes os jornalistas, mais inteligente é a sociedade. As únicas pessoas que não querem uma sociedade mais inteligente são os mentirosos, os ladrões e os políticos que estiverem tentando esconder algo.

· 45 ·

Você deve aprender com a experiência, mas deve também aprender com a experiência dos outros sempre que possível.

A experiência é o melhor professor, mas pode sair cara se você estiver aprendendo com seus próprios erros. Melhor aprender com os erros dos outros. Por isso Warren incorporou à sua dieta educacional estudar e dissecar os erros dos outros no mundo dos negócios e investimentos. Ele quer aprender onde eles erraram para não repetir seus equívocos. Essa é uma estratégia totalmente oposta à da maioria das faculdades de administração, que só estuda casos de sucesso. Nos negócios e investimentos, as pessoas acabam mais na sarjeta do que no céu – é preciso estudar não apenas o que fazer, mas também o que não fazer.

O local
de trabalho

· 46 ·

É difícil ensinar truques velhos a um cachorro novo.

Warren descobriu que o tino para os negócios que vem com a idade é quase impossível de ser ensinado a gerentes jovens. As velhas raposas têm esse tino gravado no cérebro e sabem como ganhar dinheiro. Warren e seu sócio Charles Munger estão na dos 90; a Sra. Blumkin dirigiu a Nebraska Furniture Mart até mais de 100 anos; e muitos dos gerentes da Berkshire Hathaway, a holding de Warren, permanecem lá até quase os 80 anos. Warren não impõe uma idade de aposentadoria obrigatória na Berkshire. No mundo de Warren, aos 65 anos você está começando a se familiarizar com a coisa – idade e experiência podem ser virtudes bem maiores do que juventude e entusiasmo quando se trata de ganhar dinheiro como nos velhos tempos.

· 47 ·

Ao contratar alguém, você procura três qualidades: integridade, inteligência e energia. Mas a mais importante é a integridade; as outras qualidades, inteligência e energia, acabarão com você.

Quando você contrata alguém para dirigir sua empresa, está lhe confiando o cofrinho da empresa. Se a pessoa for inteligente e trabalhadora, ganhará muito dinheiro para você, mas, se não for honesta, encontrará um monte de esquemas para se apoderar de todo o seu dinheiro. Portanto, se tiver que contratar pessoas que não sejam honestas, certifique-se de que sejam preguiçosas e burras – assim, só vão conseguir roubar os tijolos.

A integridade constitui o ingrediente-chave da filosofia de administração de Warren. Quando comprou a Nebraska Furniture Mart da Sra. Blumkin, surpreendeu-a, e ao resto da direção da Mart, por não solicitar uma auditoria de seus livros contábeis. Simplesmente perguntou quanto valia a empresa, ela lhe disse, e no dia seguinte ele me levou um cheque de US$ 40 milhões. Quando a Sra. Blumkin o questionou a respeito disso mais tarde, ele respondeu que confiava muito mais nela do que nos seus contadores.

Além disso, o estilo gerencial de Warren sempre foi o de dar a seus gerentes uma tremenda autonomia operacional. Eles são livres para gerenciar as empresas como se fossem os donos. Isso não seria viável se lhes faltasse integridade.

· 48 ·

**Você conseguiria realmente explicar a
um peixe como é andar em terra firme? Um dia
em terra firme vale por mil anos falando
do assunto, e um dia gerenciando uma empresa
tem exatamente o mesmo tipo de valor.**

Como dizem no meio militar, tudo é brincadeira até que alguém começa a atirar de volta. O mesmo se aplica ao mundo dos negócios. Lidar com problemas fabris de verdade e atrair e conservar clientes de verdade é o que distingue o mundo acadêmico do mundo real da administração. Na Nebraska Furniture Mart, em Omaha, pertencente à Berkshire, a fundadora e dirigente máxima da empresa, Sra. Blumkin, conquistou uma vitória empresarial após outra, década após década, com as tropas da linha de frente da Mart. Idade e experiência valem mais que juventude e entusiasmo, eis o grito de guerra de Warren, que faz a caixa registradora da Berkshire tilintar e tilintar...

· 49 ·

**Só quando a maré baixa é que você descobre
quem estava nadando nu.**

A contabilidade criativa fez com que algumas das favoritas de Wall Street ascendessem ao topo. Mas, se o dinheiro real não aparece em determinado momento, o entusiasmo e a ilusão se dissipam, e tudo que resta é uma conta bancária vazia e um pedido de falência. A maré baixou na Enron e todos vimos que o rei estava nu. O problema é descobrir quem está nadando nu antes que a maré baixe.

· 50 ·

Quando as ideias falham, as palavras vêm para salvar a situação.

Isso é Warren citando Goethe, e o que ele quer dizer é que, quando sua grande ideia desmorona e você perde a empresa, recorrerá às palavras para fabricar uma boa desculpa a fim de não parecer incompetente. No mundo dos CEOs, existe uma busca incessante por boas desculpas para mitigar a raiva de acionistas indignados com as más decisões administrativas. Ao não assumir a culpa, estão essencialmente dizendo que a responsabilidade não é deles. Se não é do CEO, então ele não é realmente nosso líder, confere? Se ele não é nosso líder, por que não procuramos alguém com capacidade de liderança para gerenciar nossa empresa? É a nossa empresa, não é? Somos os donos, certo? Warren nunca esqueceu que os acionistas da Berkshire são donos da empresa que ele dirige. Por isso ele é sempre franco, não apenas com as boas notícias, mas também com as más.

· 51 ·

Um bom gestor não acorda de manhã e decide "Hoje é o dia em que vou reduzir custos", assim como não acorda e decide praticar respiração.

O momento de se vacinar não é um dia depois de contrair a doença. No mundo dos negócios, grande parte da gestão é feita de forma reativa. Warren acredita na gestão proativa – a que resolve o problema latente antes que se torne um problema. Deve-se manter os custos baixos desde o princípio, queimando menos cartuchos para poder se defender de um ataque dos concorrentes e lucrando mais quando a situação se tornar favorável. Warren tem no escritório central da Berkshire uma equipe enxuta e econômica de 17 funcionários. Eis um homem que pratica o que prega. Se você ler que uma empresa está adotando um programa de redução de custos, saiba que a gerência foi negligente em manter os custos baixos desde o princípio. O que você acha de uma empresa cuja gerência não tem controle sobre os custos? Você acha que eles proporcionarão aos acionistas um monte de dinheiro?

· 52 ·

Não seria ótimo se pudéssemos comprar o amor? Mas a única forma de ser amado é sendo amável. Você sempre ganha mais quando distribui. Não conheço ninguém que seja amado e não se sinta muito bem-sucedido.

O amor é importante na vida pessoal de Warren, e ele o incorporou à sua filosofia gerencial e de negócios. Ele só contrata pessoas que amem o que estão fazendo, porque, se você amar o que está fazendo, tratará os outros bem, de modo que, por sua vez, eles também amem o que fazem. Ele nunca humilha seus gerentes quando cometem erros. Pelo contrário, ele os encoraja a não se deterem demais no erro e tocarem os negócios em frente. Seu amor e respeito pelos gerentes é tão forte que lhes confia por completo a direção das empresas. Ele lhes concede controle total, o que promove um forte sentido de responsabilidade. Warren fala sem parar sobre como se orgulha de suas equipes gerenciais e nunca hesita em expressar seus elogios em público. É assim que consegue atrair os melhores e mais brilhantes gerentes do mundo. Amor e respeito realmente geram amor e respeito; é o primeiro passo na estrada para o sucesso na vida.

· 53 ·

**Apreciamos o processo bem mais do que
o dinheiro, embora eu tenha aprendido
a viver com ele também.**

Pessoas apaixonadas por seu trabalho passarão a dominar seu ofício ou profissão, porque amam o processo mais do que o dinheiro. O interessante da paixão é que o dinheiro costuma vir como consequência. Pessoas que amam o dinheiro mais do que seu trabalho passam a vida trabalhando contrariadas e acabam ganhando bem menos do que se tivessem seguido seu coração desde o começo. A melhor coisa quando se é apaixonado pelo trabalho é que aquilo não é realmente um trabalho; é diversão. Warren sempre disse que adora tanto o que faz que pagaria para ter seu trabalho. Mas ele não precisa pagar, porque ganha rios de dinheiro fazendo o que adora.

· 54 ·

**Se você acertasse todos os buracos
na primeira tacada, não jogaria golfe
por muito tempo.**

Um trabalho com desafios mantém tudo interessante, aumenta a autoestima, promove a criatividade e atrai as pessoas de melhor qualidade. Um trabalho sem desafios é maçante, reduz a autoestima e atrai as pessoas menos motivadas. Entretanto, os desafios pressupõem a existência de riscos. No mundo dos negócios, à medida que surgem os desafios, decisões precisam ser tomadas e erros são inevitáveis. Estes fazem parte da natureza da tomada de decisões e são o que torna tudo tão interessante. Warren aprendeu que, para atrair os melhores e mais brilhantes gestores – aqueles que são automotivados e agressivos ao enfrentar desafios –, precisa criar um ambiente de trabalho que lhes permita cometer os erros que vêm junto com os sucessos.

· 55 ·

**Arranje um emprego que você adora.
Acho uma loucura quem vive aceitando empregos
de que não gosta para valorizar o currículo.
Isso não é um pouco como guardar
o sexo para a velhice?**

Passar a vida acordando de manhã e indo para um emprego que você odeia, com pessoas que você não respeita, leva à frustração e ao descontentamento, que você traz do trabalho para casa e compartilha com sua família, que também fica insatisfeita. Isso, é claro, acaba infernizando a vida de todos que você ama, inclusive a sua. Bem melhor é achar um emprego que você adore. Aí você irá trabalhar com um sorriso no rosto, que poderá trazer de volta para casa ao final do dia para compartilhar com seus entes queridos. E, se você está preocupado com o dinheiro, lembre-se de que as pessoas que adoram o que fazem são aquelas que chegam ao topo em suas áreas e acabam ganhando mais, seja a imigrante russa pobre que não sabia ler mas adorava vender móveis ou o filho nerd de um balconista de mercearia com pendor para números e ações. Faça o que você adora e o dinheiro virá. Essa regra funcionou para eles e funcionará para você também.

· 56 ·

**Um amigo meu passou 20 anos
procurando a mulher perfeita; infelizmente,
quando a encontrou, descobriu que
ela vinha procurando o homem perfeito.**

O que o amigo de Warren não percebeu é que vender
seu peixe para alguém é diferente de comprar o peixe do
outro. Ele se convenceu das virtudes dela, mas ela não se
convenceu das dele. Na vida e nos negócios, você precisa
persuadir os outros com base no que você é e no que tem
para eles comprarem. Warren teve de persuadir seus primeiros investidores dos seus méritos e continua tendo
de persuadir as empresas familiares que a Berkshire de-
seja comprar – pessoas que passaram a vida construin-
do uma empresa não estão interessadas em vender "seu
bebê" a qualquer um. Warren as convence de que dará
às empresas um bom lar. Em nossa vida cotidiana, temos
de convencer nossos empregadores e nossos clientes do
nosso valor. As relações de trabalho são como as relações pessoais: melhor começar mostrando interesse pela
outra pessoa e descobrindo as necessidades dela, porque
em última análise estamos atendendo a essas necessidades. Quem esquece isso passará um tempão sentado
sozinho no bar.

Analistas, consultores, corretores: tolices a evitar

· 57 ·

Nunca pergunte a um barbeiro se você está precisando de um corte de cabelo.

Pergunte a um consultor se existe um problema e ele achará um problema – ainda que não exista nenhum. Warren descobriu que isso se aplica a banqueiros de investimentos, consultores gerenciais, advogados, mecânicos de automóvel, firmas de conservação de jardins e similares. Pessoas pagas para resolver problemas sempre acharão algum para solucionar.

· 58 ·

**Os prognósticos costumam dizer
mais sobre quem os faz do que sobre
o que é prognosticado.**

O que a maior parte das pessoas esquece é que a maioria dos previsores possui uma agenda que reflete os interesses das pessoas que estão pagando seus salários – se estão sendo pagos para ser pessimistas, serão pessimistas; se é necessário otimismo, você obterá otimismo. As pessoas são o que são pagas para ser – nada mais, nada menos. Os previsores não têm uma bola de cristal onde conseguem ver o futuro, mas têm hipotecas que precisam ser saldadas e filhos que precisam ir para a faculdade. Wall Street gosta de um grande volume de transações, o que significa que precisa de motivos para fazer uma grande quantidade de mexidas na sua carteira de investimentos. Se o previsor afirma que as taxas de juros vão subir, você vende suas ações; se ele diz que as taxas vão cair, você entra comprando. Fazem o mesmo com ações individuais: preveem lucros menores neste trimestre e você as vende; preveem lucros maiores neste trimestre e você as compra. Wall Street ganha dinheiro com as transferências de seu dinheiro de um investimento para outro, de modo que, naturalmente, os previsores de Wall Street, também chamados de analistas, encontrarão motivos de sobra para você fazer exatamente isto: passar de um investimento para outro. O problema é que toda essa atividade não tem nada a ver com tornar você rico.

· 59 ·

Uma pesquisa de opinião pública
não substitui o pensamento.

Há um grande conforto em investir com o rebanho. Todos concordam com você. Contudo, quando você investe com o rebanho, tem de se preocupar com a hora em que o rebanho deixará a festa, porque, assim como na escola secundária, ninguém fica popular para sempre. Geralmente não sobra muito potencial de crescimento em uma ação depois que ela se torna realmente popular, o que significa que você correu um grande risco por uma aposta com baixa taxa de retorno. Se você for um investidor pensante, como Warren, procurará ações que venham passando por uma fase impopular, porque ali você encontrará a queridinha de amanhã sendo vendida hoje a um preço reduzido, o que equivale a um baixo risco de perder seu dinheiro e a um grande potencial de retorno alto.

· 60 ·

**As faculdades de Administração
recompensam o comportamento difícil
e complexo mais do que o simples,
mas o comportamento simples é mais eficaz.**

O filósofo e monge franciscano inglês medieval Guilherme de Ockham (c. 1285-1349), carinhosamente conhecido em alguns círculos científicos como Billy Occam, apresentou a ideia de que a explicação mais simples costuma ser a melhor. O problema dessa ideia é que os sacerdotes de qualquer grupo profissional precisam da complexidade para impedir os leigos de exercerem a sua magia sacerdotal. Se você entendesse o processo de investimento, não haveria necessidade de analistas e consultores de investimentos, nem precisaríamos de fundos mútuos ou de quaisquer outros sacerdotes do "grupo profissional".

Não é tão difícil aprender a descobrir uma ótima empresa, comprá-la a um ótimo preço e, depois, conservá-la por 20 anos, ganhando dinheiro com isso, quando todos os chamados sacerdotes de Wall Street estão pregando estratégias de investimento a curto prazo, que na verdade são totalmente voltadas para enriquecer o consultor, não o investidor.

· 61 ·

**Parece haver certa característica
humana perversa que gosta
de tornar difícil o que é fácil.**

Todo grupo profissional é, em última análise, uma conspiração contra os leigos. Somente quando algo se torna difícil de entender existe a necessidade de especialistas, que cobram altas taxas por terem desvendado o mistério. Quanto maior a complexidade, maior a necessidade de um especialista para ajudar a orientar você em meio à complexidade. Wall Street vive de vender seu know-how em escolher ações para você investir, daí o interesse velado de seus corretores em apresentar o jogo dos investimentos como complicadíssimo, além da compreensão de qualquer um, exceto dos profissionais mais astutos. O esquema é simples: eles ficarão ricos com o trabalho de fazer você rico e o obrigam a viver voltando a eles porque o convenceram de que o jogo dos investimentos é complicado demais para ser entendido. Mas nunca ninguém pergunta por que cargas-d'água, se eles são tão inteligentes, precisam do dinheiro dos outros para enriquecer? Talvez precisem do seu dinheiro porque o objetivo real não é que você ganhe dinheiro com investimentos, e sim que eles ganhem dinheiro com as comissões que cobram de você no troca-troca dos investimentos. Como disse Woody Allen: "Um corretor de ações é alguém que investe o dinheiro dos outros até não sobrar mais nada."

· 62 ·

Recomendar a conservação de alguma coisa por 30 anos é um nível de autossacrifício que você raramente verá num mosteiro, menos ainda numa corretora.

O seu corretor morreria de fome se fosse adotar a estratégia de Warren de comprar e conservar. Não é que os corretores não acreditem que ela criará riqueza; o problema é que ela não criará nenhuma riqueza para o seu corretor. Todo o dinheiro que ganham é com as comissões que recebem fazendo você ficar trocando de ações. Quanto mais você compra e vende, mais dinheiro eles ganham, e eles sempre parecem ter um motivo para fazer você comprar algo e se desfazer de algo diferente. Se seu corretor tem mais de uma grande ideia por ano, as chances são altas de que esteja delirando. Se seu corretor quer convencê-lo a se desfazer de uma posição em que o colocou no mês passado porque as condições do mercado mudaram, talvez ele esteja mais do que delirando – talvez seja simplesmente desonesto.

Por que
não diversificar

· **63** ·

Não posso me envolver com 50 ou 75 empresas. Essa é uma forma de investir tipo arca de Noé – você acaba ficando com um zoológico. Gosto de aplicar quantias significativas em umas poucas empresas.

Se você fosse investir em 50 ações diferentes, sua atenção e sua capacidade de acompanhar os fundamentos econômicos de cada uma sofreriam fortes limitações. Você acabaria ficando com um zoológico onde nenhum dos animais receberia a atenção necessária. É como ser um malabarista com bolas demais no ar. No final, não só uma mas todas acabam caindo.

Warren aplica quantias altas nos seus investimentos porque grandes ideias de investimento costumam ser raras. Ele diz que você só precisa tomar umas poucas decisões certas para acabar enriquecendo e que, se você está tendo mais de uma ideia de investimento brilhante por ano, provavelmente está se iludindo.

· 64 ·

A diversificação é uma proteção contra a ignorância. Faz pouquíssimo sentido para quem sabe o que está fazendo.

Se você não entende o que está fazendo, deveria diversificar bastante os seus investimentos, com a esperança de que nem todos os seus ovos estraguem. Se seu consultor de investimentos recomenda uma diversificação ampla, está realmente dizendo que não sabe o que está fazendo e quer protegê-lo da ignorância dele. Warren sabe o que está fazendo, de modo que prefere concentrar seus investimentos em uns poucos ovos selecionados e ficar de olho neles.

· 65 ·

Wall Street ganha seu dinheiro com a atividade. Você ganha seu dinheiro com a inatividade.

A regra do jogo em Wall Street é obter controle dos seus ativos e depois ganhar comissões. Os corretores têm mil formas de conseguir isso: eles farão você comprar e vender por causa da taxa de juros, de demonstrações de resultados trimestrais ruins ou bons e de todas as recomendações de analistas. Eles até farão você negociar ações com base nos prognósticos das eleições. Eles ganham dinheiro com qualquer atividade.

Para você ganhar dinheiro no mercado de ações, precisa comprar ações de uma ótima empresa a um preço justo ou baixo e conservá-las por um longo período – deixando assim que os lucros retidos da empresa aumentem o seu valor subjacente. Foi assim que todas as pessoas, de Bill Gates a Warren Buffett, ficaram super-ricas. Gates enriqueceu com apenas uma ação, e Warren, com meia dúzia. Isso realmente funciona. Se continua sem acreditar, vá perguntar às cerca de 100 pessoas em Omaha que, mais de 40 anos atrás, colocaram todo o seu dinheiro em apenas uma companhia, a Berkshire Hathaway, cada uma agora com patrimônio pessoal superior a US$ 50 milhões.

· 66 ·

Por que não investir seu dinheiro nas empresas de que você realmente gosta? Como dizia Mae West: "O excesso de uma coisa boa pode ser maravilhoso."

Warren é famoso por posições de ações altamente concentradas e está sempre disposto a continuar fortalecendo essas posições, contanto que haja bons fundamentos econômicos e o preço seja correto. Às vezes, ele compra uma posição grande no decorrer de vários anos, como fez com a Coca-Cola. Isso vai contra a estratégia de diversificar o risco, também conhecida como "não colocar todos os ovos na mesma cesta". Warren sempre acreditou que, se você diversifica só por diversificar, acabará ficando com uma carteira do tipo jardim zoológico, sem realmente entender nenhuma das empresas nas quais seu dinheiro está investido. Ele prefere pensar longa e profundamente sobre qual cesta escolher e, depois de colocar seu dinheiro nela, vigiá-la como um falcão.

· 67 ·

**Uma diversificação ampla só
é necessária quando os investidores não
entendem o que estão fazendo.**

Se alguns consultores de investimentos estão tentando lhe vender a ideia de diversificar sua carteira de ações, é porque eles não sabem o que estão fazendo e querem protegê-lo da ignorância deles. E, se você não sabe o que está fazendo, a diversificação é um caminho sensato, oferecendo um mínimo de proteção contra a perda total e um potencial mediano de crescimento a longo prazo. Entretanto, ela nunca o deixará rico, porque a estratégia se baseia no cancelamento recíproco entre vencedores e perdedores. Por outro lado, também não o deixará pobre.

· 68 ·

Você só precisa ter pouquíssimos acertos, contanto que não cometa erros demais.

Os princípios da vida e dos investimentos muitas vezes correm em paralelo. Para ter sucesso na vida você realmente só precisa fazer umas poucas coisas certas. A única forma de estragar tudo é tomar uma série de decisões ruins. Isso não significa que você não possa cometer erros; você só não pode cometer erros graves em excesso.

O mesmo se aplica aos investimentos. Faça uns poucos investimentos certos e você poderá ganhar uma fortuna. Mas cada vez que você toma uma decisão existe uma chance de errar. Algumas decisões erradas bastam para anular os ganhos das poucas decisões boas que você tomou. Warren percebeu no início da carreira de investimentos que seria impossível tomar centenas de decisões de investimento corretas, de modo que resolveu investir somente nas empresas sobre as quais tivesse segurança absoluta e depois apostou pesado nelas. Ele deve 90% da sua riqueza a apenas 10 empresas. Às vezes, o que você não faz é tão importante quanto o que você faz.

Disciplina, prudência e paciência

· 69 ·

Se você se permite a indisciplina nas coisas pequenas, provavelmente será indisciplinado nas coisas grandes também.

Warren descobriu que as pessoas costumam abrir exceções a uma estratégia de investimentos disciplinada quando estão fazendo investimentos pequenos e que essa conduta muitas vezes leva ao relaxamento de uma abordagem disciplinada. A disciplina é a chave do sucesso no jogo dos investimentos – assim como é a chave do sucesso em grande parte da vida. Warren acredita tanto em uma abordagem disciplinada que recusou uma aposta de golfe de 2 dólares porque as chances estavam contra ele. Ele admite com franqueza que no campo de golfe as chances tendem a ficar contra ele. No mundo de Warren, as pequenas coisas realmente importam.

· 70 ·

**Nada melhor do que escrever
para forçá-lo a pensar e organizar
seus pensamentos.**

Se você não consegue escrever sobre algo, não pensou realmente a respeito disso. Assim, todo ano Warren se senta e escreve uma longa carta aos seus acionistas explicando os eventos do ano anterior. Esse exercício o tem ajudado imensamente a refinar seus pensamentos sobre como ganhar bilhões. Escrever sobre algo faz você pensar naquilo; e, se pensar sobre onde investir seu dinheiro é uma coisa boa, então escrever a respeito disso é ainda melhor.

Warren geralmente começa a escrever seu relatório anual logo que o ano começa, em sua casa de inverno à beira-mar, em Laguna Beach, Califórnia (pertinho de onde morou Benjamin Graham). Ele escreve tudo à mão, usando papel e caneta, e depois remete à amiga Carol Loomis, que foi editora até 2014 da revista *Fortune*. Mesmo um gênio precisa da ajuda de um editor.

· 71 ·

Quanto menos prudência os outros têm ao conduzir seus negócios, mais prudência devemos ter ao conduzir os nossos.

Essa é uma referência direta às bolhas de euforia do mercado e aos preços loucos que elas criam. Nesses períodos, o público investidor torna-se cada vez mais imprudente quanto ao que está disposto a pagar – as pessoas querem continuar comprando, não importa o preço. Num mercado em alta desenfreada, Warren torna-se prudente em suas compras. Isso o impede de se contagiar com todo aquele entusiasmo e de pagar preços absurdos, totalmente dissociados dos fundamentos econômicos de longo prazo das empresas. A prudência nas decisões de investimento pode salvar você da insensatez e torná-lo rico. A imprudência nas decisões de investimento pode levar à insensatez e ao limiar da pobreza. E ninguém jamais enriqueceu fazendo coisas que o empobreceram.

· 72 ·

Nunca disparei uma rebatida enquanto a bola ainda estava na luva do arremessador.

Há muito tempo Warren é um estudioso e fã do beisebol, e extraiu um ingrediente importante para sua estratégia de investimentos de um livro escrito pelo super-rebatedor Ted Williams, intitulado *The Science of Hitting* (A ciência de rebater). Ted argumenta que, para se tornar um grande rebatedor, é preciso evitar as rebatidas em arremessos ruins – o que se deve procurar é o arremesso perfeito. Warren viu nisso uma analogia com os investimentos: para ser um grande investidor, ele só teve que esperar pela oportunidade certa. E percebeu ainda que, diferentemente de Ted, a quem só era permitido deixar de rebater a bola três vezes, ele podia ficar na base do rebatedor o dia inteiro, esperando que a oportunidade de investimento perfeita aparecesse.

Desse modo, Warren nunca investe numa empresa se não consegue avaliar seu desempenho futuro. Ele gosta de uma ótima empresa com um futuro previsível e cuja ação esteja sendo vendida a um preço módico graças a um erro sanável de administração, uma recessão do setor ou um mercado em baixa. Esse é um dos motivos por que ele sempre evita empresas que não tenham um histórico de ganhar dinheiro. Ele diz que, se você compra a ação de uma empresa que jamais ganhou um tostão, está essencialmente comprando a esperança de que vá ganhar dinheiro no futuro: um fluxo de renda futuro que pode jamais ocorrer. Fluxos de renda futuros que poderão não existir são, e sempre foram, impossíveis de avaliar. Se sua estratégia de investimentos se baseia na esperança de lucros futuros, você está potencialmente dando uma tacada num monte de problemas.

· 73 ·

Imagine que você tivesse um único carro para o resto da vida. Claro que você cuidaria bem dele. Agora, pense que você só tem uma mente e um corpo. O principal patrimônio de uma pessoa é ela própria; portanto, preserve-se e aprimore-se.

Warren vê a mente e o corpo humanos como uma espécie de ativo empresarial – a sua empresa, o seu ativo. Você pode passar a vida vendendo seus serviços diretamente ao público ou indiretamente a uma empresa. Mas, em última análise, você é uma entidade econômica com a capacidade de ganhar enormes somas de dinheiro. Se você possuísse uma empresa com um grande potencial para ganhar enormes somas de dinheiro, cuidaria muito bem dela, fazendo-a crescer e transformando-a na melhor empresa do mundo. O mesmo ocorre com seu corpo e sua mente. Eles são a sua empresa, os seus ativos. Você pode cuidar deles e fortalecê-los por meio da educação, otimizando assim ao máximo seu potencial infinito de ganhar dinheiro. Ou você pode dissipar seus ativos e desperdiçar todo o seu potencial. A escolha é sua.

· 74 ·

**Eu compro ternos caros.
Eles parecem baratos em mim.**

A personalidade sempre se manifesta, qualquer que seja a qualidade dos trapos. Warren usa coisas baratas, sempre usou e provavelmente sempre usará. E faz isso porque sabe o valor futuro de uma soma de dinheiro rendendo juros compostos. No início de sua carreira como administrador de investimentos, e anos após ganhar seus primeiros milhões, ficou famoso em Omaha por dirigir para cima e para baixo seu velho Fusca. Rendendo juros compostos de 20% ao ano, US$ 25.000 após 20 anos se tornariam US$ 958.439, e para Warren isso é simplesmente dinheiro demais para se pagar por um carro. Quanto aos ternos caros, só começou a comprá-los bem depois dos 60 anos, quando o valor futuro do dinheiro gasto com eles já não era tão alto que lhe tirasse o sono.

· 75 ·

Na busca de empresas para adquirir, adotamos a mesma atitude considerada apropriada ao se procurar uma esposa: vale a pena ser ativo, interessado e de espírito aberto, mas não vale a pena ter pressa.

Uma coisa é procurar algo que você nunca achará e outra é procurar algo que, por sua experiência, você sabe que encontrará ocasionalmente. É isso que Warren procura: uma situação de investimento que ele sabe que surge ocasionalmente, sob as circunstâncias certas. Quais são essas circunstâncias? Um mercado em baixa geral, uma recessão no setor, um evento isolado que não destrói os ótimos fundamentos econômicos, uma onda de vendas motivada pelo pânico – todos esses fatores criam situações em que as ações de algumas empresas realmente ótimas são vendidas por preços incrivelmente baixos. A única coisa que ele tem que fazer é ser paciente e aguardar que esses eventos ocorram, e eles acabam ocorrendo – não todo dia, não todo mês, e às vezes não todo ano, mas com regularidade suficiente para que Warren se transformasse num dos homens mais ricos do mundo.

Cuidado com a insensatez da ganância

· 76 ·

**Quando o temperamento apropriado
se junta ao arcabouço intelectual apropriado,
o resultado é um comportamento racional.**

Warren sempre afirmou que o melhor temperamento para um bom investidor é ser ganancioso quando os outros estão assustados e ficar assustado quando os outros estão sendo gananciosos. Aliado a uma filosofia de investimentos voltada para empresas com sólidos fundamentos econômicos de longo prazo trabalhando a seu favor, esse é o seu segredo para investir com sucesso. Comprar ações de grandes empresas quando todos os outros estão assustados e permanecer longe delas quando todo mundo está sendo ganancioso. O temperamento certo lhe dirá quando e onde apertar o gatilho – você o aperta quando as pessoas estão assustadas e desovando ações, e você não o aperta quando todo mundo está sendo ganancioso, lançando os preços à estratosfera.

Por duas vezes em sua carreira de investidor Warren parou completamente de comprar ações, porque seus preços se tornaram exagerados: no auge da febre do mercado no final da década de 1960 e nos anos 1990. Ambas as retiradas oportunas evitaram que ele se machucasse nas quedas que se seguiram, deixando-o cheio de dinheiro para tirar vantagem dos preços baixos das ações logo depois.

· 77 ·

O fato de que as pessoas têm ganância, medo ou insensatez é previsível. Quando isso vai se manifestar não é previsível.

Warren sabe que às vezes os investidores ficam alucinados por uma ação e o preço dispara. Ele também sabe que, outras vezes, as pessoas ficam temerosas demais e depreciam muito uma ação. O que ele não sabe é quando isso acontecerá – ele só sabe que acontecerá e, quando acontecer, estará de prontidão para tirar vantagem dos preços baixos que o medo e a insensatez provocam. Evite a ganância e deixe o medo e a insensatez criarem a oportunidade. Essa é a conduta do investidor inteligente.

Um grande exemplo disso foi a compra das ações da Wells Fargo por Warren durante a recessão bancária dos anos 1990. Ninguém queria ações de bancos, porque as pessoas temiam que os prejuízos com empréstimos imobiliários irrecuperáveis os deixassem insolventes. Warren escolheu aquele que sentiu ter a melhor administração e ser forte o bastante para aguentar a tempestade financeira da época. Investiu cerca de US$ 289 milhões na Wells Fargo e em oito anos o valor tinha mais do que dobrado.

· 78 ·

Uma ação não sabe que você a possui.

As pessoas muitas vezes humanizam objetos inanimados, sejam animais de pelúcia, carros ou ações. Quando isso acontece com uma ação, o pensamento emocional substitui o pensamento racional. Isso é ruim quando se trata de investimentos. Na hora de vender, você não vai querer hesitar porque "adora" a ação. De forma semelhante, quando a ação cai, não há motivo para ficar com raiva dela – ela não sabe que você a possui. Ela não sente rejeição e você também não deve sentir.

· 79 ·

Quando você combina ignorância com dinheiro emprestado, as consequências podem ser interessantes.

A ignorância o cegará para a insensatez – o dinheiro emprestado permitirá que você siga cegamente sua ignorância até atingir o ponto da insensatez. Insensatez é onde você perde o dinheiro que deve ao banco. E os bancos, à semelhança dos elefantes, não esquecem. No final do século XX, o maior ato de insensatez com dinheiro emprestado foi de um grupo de investimentos do qual ninguém nunca ouvira falar chamado Long-Term Capital, que conseguiu pegar emprestados US$ 100 bilhões para investir em derivativos e, num ato de suprema e inesperada insensatez, além de malbaratar o capital de seus investidores, quase provocou o colapso de todo o sistema financeiro dos Estados Unidos. Ao trabalhar com dinheiro emprestado, o que pode dar errado costuma dar errado. E, quando dá errado, bota errado nisso!

· 80 ·

Dos sete pecados capitais, a inveja é o mais idiota, porque não faz você se sentir melhor. Você se sente pior. Tive bons momentos com a gula... e nem vamos falar na luxúria.

A ganância é maravilhosa se for sua serva, não sua senhora. Não dá para ficar rico sem uma dose dela nem dá para ser feliz com excesso dela. Ganância demais leva à inveja, e a inveja é guiada pela sensação de nunca ter o suficiente. A ideia é ser consumido pela paixão de ganhar dinheiro, não ser consumido pela inveja do que outro sujeito guarda no seu cofrinho. Os ricos mais felizes são aqueles que adoram a vida no mundo dos negócios que acompanha o dinheiro e não têm o menor interesse na riqueza das outras pessoas. Além disso, qual a graça de ser rico se ser rico significa ser um invejoso infeliz?

Quanto à gula, a dieta constante de Warren à base de Coca-Cola, hambúrgueres, bifes grossos e batatas fritas mantém-lhe o sorriso no rosto, mas mata de medo os acionistas da Berkshire, que ficam preocupados com a saúde de seu presidente e querem se beneficiar de sua sabedoria pelo maior tempo possível. Warren – sempre racional – diz que o aumento da expectativa de vida decorrente da mudança para uma dieta saudável não compensaria a redução de prazer que ele teria comendo menos bobagens. Mark Twain sentia o mesmo em relação a bebidas e charutos.

· 81 ·

Nós simplesmente tentamos ser temerosos quando os outros são gananciosos e ser gananciosos apenas quando os outros são temerosos.

Lembre-se: quando os preços estão nas alturas, é hora de dizer adeus. Mas, quando os preços caem, é hora de ligar para o seu corretor. Durante uma euforia do mercado, as pessoas ficam gananciosas e empurram os preços das ações cada vez mais para cima, o que atrai mais e mais pessoas para o jogo. Nesses momentos, Warren é temeroso e fica longe do mercado.

É durante uma baixa do mercado que os outros investidores ficam temerosos, porque ninguém quer ação nenhuma. Elas são vendidas loucamente, sem qualquer consideração pelo valor econômico de longo prazo da empresa em questão. Nessas horas, Warren entra com ganância no mercado, comprando todas as empresas fantásticas que ele sempre sonhou possuir – temeroso quando os outros são gananciosos e ganancioso quando os outros são temerosos.

Quando vender, quando sair

· 82 ·

O mais importante a fazer se você está num buraco é parar de cavar.

Se você acha que investiu mal, a pior coisa do mundo é continuar pondo dinheiro nesse investimento. Embora seja doloroso, no fim das contas será muito mais vantajoso abandonar a festa e limitar os prejuízos antes que tudo esteja perdido. No início da década de 1980, Warren investiu pesado na indústria de alumínio. Foi um erro; quando percebeu isso, ele parou de cavar e caiu fora. Tenha a coragem de admitir que você está errado – e faça-o antes que o destino lhe segrede que você acabou de ir à falência.

· 83 ·

Se você tiver sucesso logo de saída, não tente mais.

Warren sempre procurou empresas excelentes para comprar e, depois de compradas, continuou com elas, observando os preços das ações subirem junto com os lucros. Uma vez realizado um bom investimento em uma empresa excelente, é melhor dormir sobre os louros do que vendê-la obtendo um lucro modesto e procurar outra empresa para investir. Daí a importância de saber distinguir uma empresa excelente – você perceberá quando enfim tiver encontrado uma. Mas, se você investiu numa empresa medíocre cujos fundamentos econômicos de longo prazo não trabalham a seu favor, melhor seguir o conselho de Bernard Baruch (o Warren Buffett de sua época), que, quando lhe perguntaram como tinha enriquecido, respondeu com um sorriso maroto: "Sempre vendi cedo demais."

· 84 ·

Compro ações quando os roedores
estão indo na direção oposta.

Warren Buffett sabe que a hora de comprar uma ação é quando todos os outros estão vendendo – não quando todos os outros estão comprando. Todas as grandes compras de Buffett foram motivadas por más notícias – ele gosta de comprar quando a situação parece terrível. Ele pode fazer isso porque estudou o mundo dos negócios e sabe quais empresas sobreviverão à adversidade que as trouxe à beira do abismo e quais mergulharão no ostracismo empresarial. Suas grandes compras foram feitas durante as baixas dos mercados de 1966, quando comprou ações da Disney; de 1973, quando comprou ações da Washington Post Company; de 1981, quando comprou ações da General Foods; de 1987, quando comprou ações da Coca-Cola; e de 1990, quando comprou ações da Wells Fargo.

· 85 ·

A maioria das pessoas se interessa pelas ações quando todos estão interessados. A hora de se interessar é quando ninguém mais está interessado. Não é possível comprar o que é popular e se dar bem.

O investidor sagaz evita as ações populares e a histeria em massa em torno delas, pois a popularidade dessas ações muitas vezes torna seu preço para lá de excessivo. Se você quer investir em uma empresa, procure um período em que a empresa não seja mais popular – é aí que você obterá o melhor preço e o maior potencial de lucro. Por isso Warren adora um mercado em baixa. Ele está de olho em certas empresas maravilhosas que compraria sem pestanejar se pudesse fazê-lo pelo preço certo. Na verdade, se você examinar a carteira da Berkshire, verá que todas as empresas das quais ela possui ações foram compradas durante uma queda do mercado ou numa época em que a empresa não era um investimento popular. Suas ações da Washington Post Company, Coca-Cola, Disney, American Express, General Foods, Wells Fargo, Interpublic Group e GEICO foram todas compradas num mercado em baixa ou numa época em que a empresa era impopular entre o resto da comunidade de investimentos.

· 86 ·

**Não ingressamos nas empresas com
o intuito de efetuar um monte de mudanças.
Isso não funciona nos investimentos, assim
como não funciona nos casamentos.**

Warren descobriu que, na maioria dos casos, os fundamentos econômicos da empresa permanecem constantes qualquer que seja o dirigente. Uma ótima empresa produzirá ótimos resultados seja lá quem estiver no comando e uma má empresa produzirá resultados medíocres mesmo com o melhor gestor na direção. Nos últimos 100 anos, a Coca-Cola passou por dezenas de gestores, alguns excelentes e outros menos excelentes, mas permanece uma ótima empresa. A Washington Post Company perdeu sua editora e proprietária, Katharine Graham, e continuou sendo uma empresa fantástica. Já as montadoras de carros e companhias aéreas continuam problemáticas década após década, apesar de todos os gestores brilhantes que estiveram no comando. Ao investir, você escolhe a empresa ótima e evita a empresa ruim, mesmo que a ruim esteja sendo dirigida por um gênio.

· 87 ·

O risco advém de você não saber
o que está fazendo.

No jogo de comprar ações impopulares, se você não tem a capacidade de avaliar os fundamentos econômicos de longo prazo da empresa, está se engajando num negócio arriscado. Você não saberá se pagou demais por ela até ser tarde demais. Entender em que você está investindo é o único meio de remover o risco. Nas palavras de Warren: "Nunca compro nada a não ser que consiga escrever numa folha de papel meus motivos para a compra. Posso estar errado, mas eu saberia a resposta para 'Estou pagando US$ 32 bilhões hoje pela Coca-Cola Company porque...'. Se você não consegue responder a essa pergunta, não deve comprar. Se consegue responder a essa pergunta e o fizer algumas vezes, ganhará montes de dinheiro." As perguntas nos levam a pensar, mas as respostas nos informam se devemos agir. O segredo não é tanto descobrir o investimento certo, mas saber quando você encontrou a resposta certa à pergunta certa.

· 88 ·

Eu só compraria esses papéis no dia 30 de fevereiro.

Aqui Warren está falando do lançamento inicial das ações ou dos títulos de uma empresa por meio de um banco de investimentos. Ele acha que o banqueiro de investimentos que realiza a venda já estipulou um preço pleno para o lançamento. Não há chance de o investidor vir a obter um preço de barganha. Por esse motivo, Warren tem se afastado dos lançamentos de ações desde que começou sua carreira de investidor. Ele gosta de esperar até que os papéis tenham sido negociados por algum tempo e a miopia do mercado de ações tenha tido uma chance de subestimar seu preço. A regra é simples: os banqueiros de investimentos jamais oferecerão uma barganha, mas o mercado de ações, sim.

· 89 ·

Nós também acreditamos que a franqueza nos beneficia como gestores: o CEO que engana os outros em público acabará enganando a si próprio em particular.

Um CEO honesto com o público sobre seus erros tem mais chances de aprender com eles. Mas, se o CEO está sempre tentando culpar alguém ou algo por seus próprios erros, esse é um claro sinal de que ele provavelmente mentirá para si mesmo sobre outras questões importantes e jamais será honesto com os acionistas. Isso ocorre sobretudo em se tratando de contabilidade: a disposição de adulterar um conjunto de números acabará levando a uma disposição de adulterar todos os números. Ou, nas palavras de Warren: "Gerentes que sempre prometem 'atingir os números' serão, a certa altura, tentados a maquiar os números." Gerentes que maquiam os números vão para a prisão, mas, infelizmente, sua contabilidade enganosa só costuma ser descoberta depois que destruíram os investimentos dos seus acionistas e os fundos de pensão de seus funcionários.

· 90 ·

O que não vale a pena fazer de jeito nenhum não vale a pena fazer bem.

Muitas pessoas passam anos dando duro em empresas com fundamentos econômicos ruins, o que significa que as perspectivas de ganhar dinheiro são igualmente ruins. Portanto, por que se esmerar em algo que não irá beneficiá-lo? Por que aprender a ser bom numa empresa com fundamentos econômicos fracos, que jamais lhe renderá nenhum dinheiro? Se você se vê navegando num navio empresarial com destino incerto, deve abandonar o navio e descobrir um outro que tenha por destino os mares da felicidade – em vez de tentar se tornar capitão de um barco lerdo rumo a um fim de mundo financeiro.

Essa foi a experiência de Warren com a empresa têxtil Berkshire Hathaway. Por melhor que se tornasse, por mais inovações que se implementassem ou por mais capital que se injetasse, os resultados eram sempre os mesmos: seus concorrentes conseguiam produzir têxteis mais baratos no exterior do que ela conseguia nos Estados Unidos. Tornou--se um negócio que não valia a pena explorar e, como disse Warren, a operação têxtil infelizmente teve de ser fechada.

· 91 ·

Um bom desempenho gerencial é muito mais uma função do barco empresarial em que você entra do que da eficácia com que você rema.

O melhor jóquei do mundo jamais vencerá corridas montando um cavalo manco. Mas até um jóquei medíocre consegue vencer corridas montando um campeão. Ao terminar a faculdade, destaque-se da multidão e vá trabalhar em uma empresa com ótimos fundamentos econômicos, porque, qualquer que seja seu nível de ambição, o bom desempenho da empresa sempre fará você parecer bom e ganhar mais. Se você já está trabalhando em uma empresa com ótimo desempenho, pense duas vezes antes de pular fora. O que parece um emprego melhor pode acabar se revelando um barco com vazamentos crônicos: a energia destinada a trocar de embarcação tende a ser mais produtiva do que a energia destinada a remendar os buracos. Por melhor remador que seja, você não irá a lugar algum.

Erros a evitar

· 92 ·

Nunca olhamos para trás. Achamos que há tanto para ver à frente que não faz sentido pensar no que poderíamos ter feito. Simplesmente não faz nenhuma diferença. Você só pode viver a vida para a frente.

Warren nunca viu sentido em se arrepender na vida, nos negócios e nos investimentos. No mundo dos investimentos, sempre existe um investimento que você perdeu, alguma ação em alta que você não possui. Se vendeu uma ação e ela continuou subindo, você pode passar meses se culpando. Se não a vendeu e o preço estagnou, pode passar anos culpando a si mesmo e a todos os outros. Isso se aplica igualmente às decisões de negócios – se você toma 100 decisões e 10 não dão certo, pode ficar tão obcecado com seus erros a ponto de negligenciar as decisões novas que precisam ser tomadas.

No mundo dos investimentos, cada dia traz um novo lote de oportunidades, numa sucessão sem fim. Você só precisa se concentrar nos seus erros o estritamente necessário para tirar lições deles. O que deve fazer é aplicar essas lições aos problemas atuais. No jogo dos investimentos, você cometerá uma série de erros por omissão, e nenhum deles o prejudicará. É com os erros na hora de agir que você precisa ter cuidado, e eles se encontram na estrada à frente.

· 93 ·

Quero ser capaz de explicar meus erros. Isso significa que só faço aquilo que entendo totalmente.

Se você não sabe o que está fazendo, por que o faz? A abordagem apropriada nos investimentos não é intuitiva – é racional, mesclada com o temperamento certo. A ignorância pode ser uma bênção, mas não nos investimentos. Nesse caso, costuma provocar pesadelos. Se você quer ser capaz de explicar onde errou, precisa saber explicar onde acertou, e antes de mais nada por que agiu daquela forma. Precisa distinguir uma empresa boa de uma ruim e ser capaz de avaliar se as ações de uma empresa estão baratas ou caras. Se não consegue fazer isso, deve procurar alguém capaz de fazê-lo por você, caso contrário estará apenas jogando dados numa mesa de apostas onde as chances estão sempre contra você.

· 94 ·

Se você não comete erros, não pode tomar decisões.

Algumas pessoas conseguem tomar decisões, outras não. As que conseguem liderarão e as que não conseguem seguirão os líderes. Tomar decisões envolve cometer erros, pois qualquer um que precisa tomar uma dúzia de decisões por dia errará às vezes. Mas, se você errar demais, perderá a liderança – seus seguidores encontrarão um substituto para você. Um CEO pode cometer erros, contanto que também ganhe um monte de dinheiro para seus acionistas. O importante é tomar a decisão de modo a poder passar para a próxima decisão. Se você adia, é porque decidiu não decidir. Depois de alguns adiamentos, as coisas começam a se acumular. Nada é resolvido, a empresa para de ganhar dinheiro. Se você toma uma decisão que se mostra errada, Warren diz que é melhor não se deter nela, e sim passar para a próxima. Quando perguntaram a Seymour Cray, o brilhante projetista do supercomputador Cray, o que o distinguia dos demais engenheiros, ele respondeu que era sua disposição de aceitar os erros como parte do processo de experimentação. Cray disse que os outros engenheiros desistiam após a terceira tentativa, mas ele continuava tentando até acertar, ainda que cometesse 100 erros. A estrada que leva ao grande sucesso costuma ser pavimentada com uma tonelada de erros; portanto, supere-os e vá em frente. Se você não gosta de liderar, nada o impede de seguir os líderes.

Seu círculo de competência

· 95 ·

Os investimentos precisam ser racionais; se você não entende deles, não invista.

Warren faz questão de entender cada uma das empresas em que investe. Essa talvez seja a chave principal do seu sucesso. Se ele não entende algo, não investe naquilo. Como foi muito comentado, esse princípio o impediu de investir em empresas de alta tecnologia – ele não entende o que elas fazem. Ele se afasta de setores que estão mudando rapidamente e, portanto, são imprevisíveis. Gosta de segurança – uma empresa que ele compreenda e cujas ações estejam sendo vendidas a um preço atraente. Deixa o jogo de dados para os outros.

Essa lógica poupou Warren de se aventurar na internet e em outras bolhas de alta tecnologia. Ele não poderia, racionalmente, comprar ações de uma empresa que talvez jamais viesse a ganhar dinheiro, nem poderia pagar 40 vezes o lucro por ação por uma empresa que talvez viesse a se tornar obsoleta na próxima revolução tecnológica. Digamos que hoje você possa comprar uma grande empresa de tecnologia por US$ 44 bilhões e que ela lhe rendesse US$ 1,8 bilhão ao ano – você fecharia negócio? Você também pode investir US$ 44 bilhões em títulos do Tesouro americano de 10 anos e ganhar US$ 2,2 bilhões ao ano sem risco algum. Qual desses investimentos parece melhor? Qual deles parece um jogo de azar? Qual deles você entende e qual não entende? Qual investimento é racional e qual não é? Uma grande empresa hoje poderá ser parte da história das tecnologias esquecidas daqui a 10 anos – mas os Estados Unidos deverão continuar firmes e fortes. Viu? Não é tão difícil pensar como Warren Buffett.

· 96 ·

**Se você entende uma ideia, consegue
expressá-la de modo que os outros entendam.**

Essa é a maneira de Warren testar se realmente entende um negócio antes de investir nele. Se não consegue explicá-lo, é porque não o entende. Ele não investirá numa empresa que não entende – nem você deveria fazê-lo. Na luta para conseguir expressar uma ideia, você precisa adquirir um grau razoável de compreensão, o que é bom no caso de uma ideia de investimento. Esse padrão exige que você faça uma pesquisa antes de comprar a ação. A regra de Warren é simples: evite aquilo que você não consegue explicar.

· 97 ·

**Se eles precisam da minha ajuda
para gerenciar a empresa, provavelmente
vamos todos nos dar mal.**

O fato de você ser um grande investidor não significa que seja um gerente de negócios habilidoso. Reconhecer o talento é diferente de ter talento. Um grande investidor precisa ser capaz de reconhecer o talento – assim como um técnico de futebol precisa ser capaz de reconhecer um grande jogador. Warren sabe o que buscar num gerente – mas ele próprio não tem bom domínio de bola. Conhecer suas habilidades e as dos outros e ser capaz de tirar proveito de todas é a chave para dirigir uma empresa bem-sucedida. Warren diz que seu segredo para ampliar uma corporação por meio de aquisições diversas é comprar, por um preço razoável, uma boa empresa que já esteja sendo gerida por administradores competentes e depois sair do caminho e deixá-los trabalhar. Veja bem: quando Grady Rosier, o CEO da McLane Company, uma subsidiária da Berkshire, telefonou perguntando se haveria problema em comprar alguns jatinhos executivos novos, Warren respondeu: "A decisão é sua, você é que tem de gerenciar a empresa."

Embora a Berkshire possua cerca de 180 mil funcionários, somente 17 ficam no escritório central. Em essência,

Warren deixa seus gerentes dirigirem sozinhos as suas empresas, incumbindo-os de todas as decisões operacionais. É fácil gerenciar uma corporação gigantesca se você deixa outras pessoas responsáveis por todo o serviço pesado: o segredo está em ter os gerentes certos e deixá-los em paz para fazer seu trabalho.

· 98 ·

**Nosso método é muito simples. Nós apenas
tentamos comprar empresas com fundamentos
econômicos de bons a excelentes,
dirigidas por pessoas honestas e capazes,
e as compramos a preços razoáveis.**

Para saber se uma empresa possui fundamentos econômicos de bons a excelentes, é necessário entender o negócio. Para saber se está sendo gerida por gente honesta e capaz, é necessário entender o negócio. Para saber se suas ações estão sendo vendidas a um preço razoável, é necessário entender o negócio. Entender o negócio é um dos segredos do sucesso de Warren. Se ele não entendesse o negócio, não conseguiria descobrir se seus fundamentos econômicos de longo prazo são bons, se a gerência é capaz e honesta, e se suas ações estão sendo vendidas a um preço atraente.

As empresas que Warren entende são aquelas que ele atrai para seu círculo de competência; todas aquelas que ele não entende ficam fora do círculo e devem pertencer a outras pessoas.

· 99 ·

Se não conseguimos encontrar nada dentro de nosso círculo de competência, não expandimos o círculo. Aguardamos.

Warren conta com um círculo de competência ao fazer investimentos. Se uma empresa está dentro de seu círculo, ele poderá comprá-la, caso suas ações estejam sendo vendidas ao preço certo. Se não está dentro de seu círculo, ele nem olhará para ela. Lembre-se de que ele compra ações de empresas que não são populares no momento e precisa conhecer muito bem seus fundamentos econômicos para prever seu futuro. Impossível fazer isso com uma empresa cujo negócio ele não entende. E, se não consegue encontrar um investimento que entenda e que tenha um preço atraente, espera até que apareça um. Em 1967, ele escreveu aos seus sócios de investimentos informando que ia devolver seu dinheiro, já que estava cada vez mais difícil encontrar investimentos que ele entendesse a preços atraentes. Depois disso se manteve à margem até 1973, quando o mercado de ações inteiro desabou e, de repente, até as melhores empresas tiveram suas ações vendidas a preço de banana. No jogo dos investimentos, vale a pena ser persistente, guiar-se por princípios e ser paciente ao escolher uma empresa para investir. Escolha a empresa errada ao preço certo e você perderá; escolha a empresa certa ao preço errado e você perderá. Você precisa escolher a empresa certa ao preço certo para vencer. E para isso você às vezes precisa esperar e esperar e esperar... junto com Warren. A paciência, nesse jogo, compensa.

· **100** ·

**Qualquer desejo do líder da empresa,
por mais insensato que seja, rapidamente
encontrará apoio em estudos
preparados por seus subordinados.**

Se você ganha a vida agradando ao seu chefe, certamente agradará ao chefe apoiando suas posições, independentemente do que você realmente sente. Você não chega a lugar algum no mundo dos negócios sendo o sujeito que diz: "Eu bem que avisei." Você progride sendo o sujeito que diz: "Que ideia brilhante, J.R.!" E, se a ideia não era brilhante, você será o sujeito que diz: "Não fique chateado, chefe, todos achamos que fosse uma ótima ideia." Nos momentos de aflição, adoramos companhia, ainda que ela diga disparates. Por isso Warren olha para o espelho quando quer conselhos – é mais rápido, barato e, certo ou errado, sempre leva às mesmas decisões brilhantes. E, se você não consegue ser seu próprio chefe no trabalho, deveria ao menos tentar ser seu próprio chefe na vida.

· 101 ·

No mundo dos negócios, o espelho retrovisor é sempre mais claro do que o para-brisa.

No mundo dos negócios, a visão retrospectiva é sempre perfeita. Mas o futuro está sempre oculto num ambiente em rápida mudança. É difícil saber para onde você está indo se não consegue enxergar a estrada à frente. Esse é um dos motivos por que Warren sempre se manteve afastado das ações de empresas de tecnologia. Ele simplesmente não tem ideia de como será a estrada à frente, e diz que seu melhor amigo, Bill Gates, um homem que entende alguma coisa de tecnologia, também não tem. Por isso Warren fica com os produtos consagrados. Ele consegue ver onde estarão daqui a 15 anos. Você acha que as pessoas vão parar de se barbear, de beber Coca-Cola, de pôr seus carros no seguro, de mascar chicletes, de levar seus filhos para a lanchonete Dairy Queen numa noite quente de verão? É altamente improvável. Warren não está interessado em produtos que tenham um para-brisa sujo; está interessado naqueles produtos que lhe permitem enxergar a estrada à frente. Com esses produtos, consegue discernir o valor econômico a longo prazo da empresa e saber se o preço de suas ações está depreciado em razão da miopia do mercado de ações.

· 102 ·

**Desconfio de quem se destaca
num determinado ramo de negócios ou seja
um bom atleta ou um bom apresentador
e começa a achar que pode ensinar ao mundo
como se conduzir em todas as áreas.**

Isso nos remete à teoria dos investimentos de Warren, de só investir nas empresas que ele entende. Ele não investe nem dá conselhos fora de seu círculo de competência. Este talvez seja seu segredo para parecer brilhante: limitar-se ao que entende. Também se aplica à mania detestável dos ricos de acharem que o dinheiro os torna brilhantes em qualquer assunto.

A Sra. Blumkin morreu mais rica do que a maioria dos reis de Wall Street educados em Harvard e não sabia ler nem escrever. Mas sabia tudo sobre como lucrar com móveis. Quando lhe perguntei como ganhava dinheiro vendendo tão barato, ela respondeu que o segredo estava na compra. Se ela conseguia o produto a um preço competitivo, podia vendê-lo a um preço inferior ao da concorrência e ainda garantir sua margem de lucro. Seus concorrentes compravam a crédito e pagavam o preço integral; ela pagava em dinheiro vivo, comprava grandes quantidades e obtinha bons descontos. E, como era dona do imóvel, não precisava pagar aluguel, o que diminuía ainda mais seus custos. A lição aqui é: atenha-se ao que você entende e nunca parecerá burro. Poderá até acabar milionário.

· 103 ·

Não será a economia que derrubará os investidores; serão os próprios investidores.

Serão os investidores pulando de uma ação para outra, pagando preços exorbitantes por ações de empresas sem a menor condição de sustentá-los com lucros reais. Serão os custos de transação que supostos administradores de investimentos cobram dos clientes em nome de ajudá-los a enriquecer. Serão os investidores comprando papéis com base na popularidade e não nos fundamentos. Será o prazer do dinheiro fácil e instantâneo trazido pela especulação, fazendo-os apostar somas cada vez maiores até correrem risco financeiro. Será o pânico dos investidores porque todos os outros estão deixando a festa na frente deles, fazendo com que desovem suas ações a preços ridiculamente baixos. Será o envolvimento emocional com os investimentos em vez de vê-los racionalmente como a compra de participações fracionárias em empresas. Será a busca por lucros rápidos, cegando-os para os fundamentos econômicos de longo prazo das empresas. São esses fatores que derrubarão os investidores, não uma mudança no PIB ou no índice de preços ao consumidor, ou a elevação das taxas de juros em 0,25%.

O preço
que você paga

· **104** ·

Por algum motivo, as pessoas se baseiam nos preços e não nos valores. Preço é o que você paga. Valor é o que você leva.

Warren acredita que o que você paga determina o valor que você obtém: se paga demais, obtém pouco valor; quanto menos você paga, mais valor obtém. Se uma empresa lucra US$ 10 milhões ao ano e você a compra por US$ 100 milhões, o preço que você pagou é de US$ 100 milhões e o valor que obteve, US$ 10 milhões ao ano. Se você pagou mais, US$ 150 milhões, por exemplo, está obtendo menos por seu dinheiro do que se pagasse menos – US$ 75 milhões, por exemplo. Pague mais, leve menos. Pague menos, leve mais. O segredo do jogo é sempre pagar menos e levar mais.

· **105** ·

**O que sobe não necessariamente
tem que cair.**

Warren disse essas palavras referindo-se ao preço das
ações da Berkshire Hathaway, que subiu de US$ 19 cada
em 1965 para US$ 95.000 cada em 2006 (e cerca de
US$ 300.000 em agosto de 2020). Uma empresa com
um valor intrínseco em expansão – como a Berkshire
Hathaway – pode ter uma ação cujo preço não para de
subir, subir, subir...

· 106 ·

O ponto-chave é que o mercado de ações basicamente se limita a fixar preços, existindo portanto para servir você, não para lhe dar ordens.

Para Warren, o mercado de ações é apenas um lugar onde ações de empresas têm seu valor fixado com base nas perspectivas econômicas de curto prazo, gerando uma série de guinadas nos preços a curto prazo, o que significa que os preços muitas vezes ficam desalinhados em relação às realidades a longo prazo das empresas. Às vezes, essas oscilações a curto prazo derrubam os preços das ações bem abaixo do valor econômico a longo prazo da empresa – assim como às vezes os lançam bem acima do valor a longo prazo da empresa. Geralmente, o mercado de ações tende a supervalorizar as ações. Warren as compra quando elas estão abaixo do valor de longo prazo da empresa, depois aguarda até que as forças equalizadoras do mercado tragam os preços das ações de volta para cima, até ficarem supervalorizadas. Se ele consegue pôr as mãos numa empresa excepcional quando os preços estão baixos, conserva a empresa e deixa que os lucros retidos aumentem seu valor subjacente a longo prazo, o que acaba aumentando o preço das ações. No decorrer de períodos longos, o poder econômico de uma empresa excepcional corrige quaisquer depreciações equivocadas de preços a curto prazo do mercado de ações. Mas uma empresa vale o que vale a longo prazo, independentemente do que diz a visão curta do mercado de ações. E você, não o mercado de ações, controla o que e quando comprar.

· 107 ·

No início, os preços são determinados pelos fundamentos, e em certo ponto a especulação os determina. É a velha história: o que o sábio faz no início, o tolo faz no final.

Um homem sábio compra quando os fundamentos estão a seu favor. Desse modo ele tem uma margem de segurança em relação a até onde os preços podem cair. O tempo também favorece os fundamentos, já que todos os preços acabam se corrigindo para refletir o valor econômico fundamental de longo prazo da empresa, medido pelo que ela auferirá. Quando a especulação toma conta, os fundamentos são atirados pela janela e o preço em ascensão motiva cada vez mais compras. Um investidor de visão sabe que, a certa altura, a única demanda real é a demanda fundamental, e quando a demanda da especulação termina – e ela sempre termina – o preço cai para refletir a demanda fundamental, às vezes bem abaixo das alturas especulativas. Se você está especulando e continua mantendo posições quando os preços começam a despencar, basta olhar no espelho para ver quem é o trouxa.

· 108 ·

Numa guerra de lances, a atitude mais inteligente é ficar do lado perdedor.

Numa guerra de lances, o preço sobe cada vez mais à medida que os dois lados tentam oferecer o lance maior, o que significa que o retorno do investimento vai ficando cada vez menor. Quanto mais o preço sobe, pior se torna o negócio, e, se o preço ficar alto demais, o negócio pode se tornar ruim de verdade. O problema de uma guerra de lances é que as emoções competitivas podem substituir o pensamento racional e um CEO com um ego grande pode acabar pagando um preço absurdamente alto com o dinheiro dos acionistas. É sempre mais fácil pagar demais por algo quando se está usando o dinheiro de outras pessoas, e ninguém jamais enriqueceu pagando demais.

Esse mesmo princípio se aplica também ao varejo: se você obtém o produto a um preço menor que seus concorrentes, pode vendê-lo a um preço menor aos seus clientes, livrar-se dos concorrentes e, ainda assim, preservar suas margens. Esse é o modelo de negócios da Nebraska Furniture Mart, da Berkshire. Ela paga à vista quando compra mercadorias de seus atacadistas e compra em lotes imensos, às vezes o correspondente a um mês de fabricação, podendo portanto negociar condições bem mais favoráveis que seus concorrentes que estão comprando a crédito. Isso permite à NFM cobrar preços menores por seus produtos, o que atrai mais clientes, ao mesmo tempo preservando as margens altas. Ela cobra menos e ganha mais porque pagou menos no início do processo. O preço de venda nem sempre é tão importante quanto o preço de compra, especialmente no varejo.

· 109 ·

**Para toda bolha existe um alfinete à espreita,
e, quando os dois enfim se encontram,
uma nova onda de investidores aprende
algumas lições bem antigas.**

Um frenesi especulativo ocorre quando o grande público fica doido por ações. As pessoas veem os preços disparando e querem entrar na festa e ganhar dinheiro fácil. Essas ondas ocorrem em grande escala cerca de uma vez a cada 30 anos, geralmente com o advento de uma tecnologia nova. Nos últimos 120 anos, aconteceu com o rádio, os aviões, os carros, os computadores, a biotecnologia e a internet. Os preços das ações refletem a paixão dos apostadores, não os valores subjacentes das empresas. Warren ficou de fora de todas as altas especulativas do mercado desde que começou a investir. Para ele, os preços que estavam sendo pagos se baseavam em lucros futuros que poderiam jamais aparecer e, na maioria dos casos, não apareceram mesmo. Não aparecendo os lucros, a esperança que sustentava os preços das ações desapareceu, a gravidade assumiu o controle e os preços despencaram – muitas vezes a uma velocidade espantosa.

· 110 ·

Nunca tento ganhar dinheiro no mercado de ações. Compro partindo do pressuposto de que podem fechar o mercado no dia seguinte e só reabri-lo daqui a cinco anos.

Warren compra sob o pressuposto de que está adquirindo uma participação em uma empresa. O mercado de ações às vezes permite fazê-lo a um custo menor do que se a empresa inteira fosse vendida para um comprador particular. Warren não aposta na bolsa de valores. Quem faz isso são instituições de visão curta que estão dispostas a ignorar os fundamentos econômicos de longo prazo de uma empresa, na busca incessante pelo dinheiro fácil, pela glória de ser considerado o melhor fundo mútuo do ano. Se você compra a empresa certa pelo preço certo, a única coisa que o tempo faz é aumentar o valor da empresa, tornando você cada vez mais rico à medida que o preço da ação aumenta para refletir o valor subjacente da empresa. Mas veja bem: se o mercado de ações fechasse por cinco anos, o valor subjacente da empresa continuaria crescendo. O mercado de ações é apenas um lugar onde você obtém uma cotação do que ele julga que a empresa vale a curto prazo. Se você conserva uma ação por cinco anos, não importa o que o mercado acha que a ação vale do primeiro ao quarto ano. Isso só terá importância quando você for vender a ação.

O valor econômico
de longo prazo
é o segredo
para explorar a
insensatez de
curto prazo
do mercado de
ações

· 111 ·

O mercado de ações é um jogo de paciência. Aguarde o arremesso perfeito. O problema quando você é um administrador de investimentos é que a torcida não para de gritar: "Mexa-se, seu preguiçoso!"

Os administradores de investimentos são basicamente escravos das cifras trimestrais e anuais. Se têm um trimestre ruim, perdem clientes; se têm um ano ruim, perdem clientes aos montes. Desse modo, os gerentes de fundos tornam-se escravos dos desejos de seus clientes por lucros a curto prazo. Assim, precisam jogar o jogo de curto prazo de rebater toda e qualquer bola mal arremessada que resvale pela base do rebatedor. Se não o fizerem, seus clientes os dispensarão e encontrarão alguém que o faça. Os gerentes de fundos têm sido contratados para fazer apostas de curto prazo em ações que possam subir nos próximos três a seis meses. Os fundamentos econômicos de longo prazo de uma empresa importam bem menos do que a propensão de sua ação às oscilações de preço.

Toda essa ênfase nas flutuações de preço a curto prazo gera todo tipo de distorções de preço em relação ao valor econômico de longo prazo da empresa. Warren explora essas distorções. Se os gerentes dos grandes fundos não fossem obcecados pelo lucro fácil, Warren jamais teria conseguido fazer todas as ótimas compras em que baseou sua carreira. Portanto, se você quer ganhar um dinheirão no mercado de ações, fique afastado dos gerentes de fundos profissionais e aprenda a explorar a dinâmica do mercado de ações para tirar proveito das distorções de preços em relação ao valor de longo prazo.

· 112 ·

**O que aprendemos com a História
é que as pessoas não aprendem
com a História.**

As pessoas vivem repetindo os mesmos erros no mercado de ações – pagam excessivamente por uma empresa na esperança de ganhar com as oscilações das ações a curto prazo. Esse erro comum impele o mercado inteiro e é perpetuado por gerentes de fundos mútuos que atendem um público de visão curta. Warren construiu sua carreira explorando essa miopia intrínseca e as distorções de preço por ela geradas em relação ao valor econômico de longo prazo da empresa.

A lição de História que as pessoas parecem não aprender nunca é que, quando as ações das empresas estão cotadas muito acima de seu valor econômico de longo prazo, como costuma acontecer durante uma euforia do mercado, qualquer mudança súbita nos ventos da expectativa pode provocar uma queda violenta dos preços das ações, deixando a ver navios os investidores que pagaram preços exorbitantes. Quando os preços sobem, Warren fica fora do mercado; quando caem, Warren se interessa em comprar. E, se caírem o suficiente e a empresa for boa, ele compra.

· 113 ·

Veja as flutuações do mercado de ações como suas aliadas, não como suas inimigas – lucre com a insensatez em vez de participar dela.

O mercado de ações é um animal que ignora o valor econômico de longo prazo das empresas e só negocia com base nas suas perspectivas de curto prazo. Más perspectivas de curto prazo fazem os preços das ações desabarem – ignorando o potencial de longo prazo das empresas. Isso cria oportunidades de compra de empresas com boas perspectivas econômicas a longo prazo, mas que estão passando por problemas de curto prazo. Afaste-se de uma empresa quando os insensatos acorrem e fazem o preço disparar, e compre quando os insensatos fogem e derrubam o preço.

Alguns ótimos exemplos de como Warren explorou as flutuações do mercado de ações são o colapso do mercado de 1973-74, em que comprou US$ 10 milhões em ações da Washington Post Company, que passaram a valer mais de US$ 1,5 bilhão; o colapso da bolsa de valores de 1978, em que comprou US$ 1 bilhão em ações da Coca-Cola, que passaram a valer mais de US$ 8 bilhões; e a recessão bancária, quando comprou US$ 400 milhões em ações da Wells Fargo, que passaram a valer mais de US$ 1,9 bilhão. As flutuações têm sido muito generosas com Warren.

· 114 ·

Grandes oportunidades de investimento surgem quando empresas excelentes estão cercadas de circunstâncias incomuns que fazem suas ações serem mal avaliadas.

Warren aprendeu que grandes empresas ocasionalmente cometem erros corrigíveis que – a curto prazo – derrubam os preços de suas ações. Quando isso acontece, a ação fica mal avaliada de uma perspectiva de longo prazo. O segredo é ser capaz de prever se o erro é corrigível. Daí a importância de conhecer a natureza econômica da empresa em que você está investindo.

O investimento inicial de Warren na GEICO, uma seguradora de automóveis, se deu quando a empresa estava à beira da insolvência. Ela desfrutava de uma ótima imagem graças aos baixos custos, mas no afã de conquistar mais mercado começou a oferecer seguros de qualquer coisa em qualquer lugar, sem aumentar os preços para compensar o risco. A empresa começou a perder rios de dinheiro. Warren sabia que, se ela retornasse ao conceito básico do setor, prosperaria. E ela prosperou, transformando o investimento de US$ 45 milhões de Warren em US$ 2,3 bilhões nos 15 anos seguintes. Warren viu que a GEICO cometera um erro corrigível que, solucionado, não prejudicaria seus fundamentos econômicos de longo prazo. O mercado de ações, com sua visão curta, enxergou apenas o erro.

· 115 ·

**A incerteza, na verdade, é amiga
do comprador de valores de longo prazo.**

A incerteza do mercado de ações cria medo, e o medo gera pânico, e então todos querem vender suas ações, derrubando os preços independentemente das perspectivas econômicas de longo prazo de uma empresa. Essa reação em cadeia cria uma oportunidade de compra se o valor econômico de longo prazo de uma empresa estiver acima do preço de venda. Pois são os fundamentos econômicos de longo prazo que acabarão realinhando o preço da ação com a realidade da empresa. A riqueza de conhecimentos de Warren sobre os fundamentos econômicos de longo prazo de uma empresa permite que ele saiba com certeza quais ações voltarão a subir quando passar o surto de incerteza dos demais investidores.

· 116 ·

Para muitos em Wall Street, tanto as empresas como as ações são vistas apenas como matérias-primas para negócios.

Os administradores de investimentos profissionais tendem a ver as empresas e ações não como tais, e sim como números que se sucedem numa tela e nos quais podem apostar. Warren ganha seu dinheiro graças a esses apostadores, quando desovam as ações derrubando seu preço a ponto de torná-lo baixo em relação ao valor de longo prazo da empresa. Esse aspecto de cassino existe desde as suas origens: as pessoas simplesmente gostam de apostar; tudo fica mais emocionante assim. Com as ações, você pode pegar dinheiro emprestado para fazer suas apostas, o que é ótimo se tudo correr a seu favor, mas péssimo se for contra. Isso explica por que ocorrem flutuações de preço tão frenéticas – às vezes, os administradores de investimentos precisam cair fora, independentemente dos preços das ações. Nas palavras de Warren: "Imagine um teatro em chamas. Num mercado financeiro em chamas, a única forma de deixar sua poltrona é encontrar alguém que queira ficar com ela, o que não é fácil." Claro que isso cria todos os tipos de oportunidade de compra para aqueles que conhecem o verdadeiro valor de longo prazo de uma empresa.

· 117 ·

**Por maior que seja o talento ou
o esforço, algumas coisas exigem tempo:
não dá para gerar um bebê em um mês
engravidando nove mulheres.**

Leva tempo para o valor de uma empresa aumentar – não é da noite para o dia. Assim como as crianças levam tempo para se tornar adultas, as empresas levam tempo para crescer em valor. Mas, se você comprar uma ótima empresa, os valores acabarão compondo um bom montante. No caso do investimento de Warren na Capital Cities/ABC Corporation, ele pagou US$ 17,25 por ação em 1986. Não pagou caro nem barato. Pagou o que valia – mas, com o tempo, o valor subjacente da empresa aumentou, fazendo subir o preço da ação. Assim, em 1995, cada ação valia US$ 127, o que equivale a uma taxa de retorno anual de 24%. O mesmo aconteceu com a GEICO, cujo valor subjacente levou 15 anos para transformar seu investimento inicial de US$ 45 milhões em US$ 2,3 bilhões. Isso equivale a uma taxa de retorno anual de 29%. Grandes empresas, com o tempo, realmente crescem a ponto de enriquecer seus acionistas. Mas isso leva um pouco mais de um mês.

· 118 ·

**Se o jogo se resumisse a estudar histórias,
as pessoas mais ricas seriam os bibliotecários.**

Entender a história das empresas é importante para entender o que pode acontecer, mas não lhe dirá o que realmente vai acontecer nem quando acontecerá. Isso exige alguma visão por parte do investidor. Warren tem tentado prever o futuro atendo-se às empresas cujos produtos não mudam com o tempo. Produtos previsíveis equivalem a lucros previsíveis. Pense em cerveja, doces, seguros de carros, refrigerantes, goma de mascar e lâminas de barbear. Desse modo, ele consegue prever o futuro econômico de longo prazo da empresa e decidir qual preço está disposto a pagar. Mas, se a empresa tem que mudar constantemente de produto ou linha de produtos para permanecer em atividade, fica impossível prever o futuro, mesmo o futuro próximo. Você ganha muito dinheiro sabendo o que vem pela frente.

· 119 ·

Compre apenas o que você conservaria sem pestanejar se o mercado fechasse por 10 anos.

Ano sim, ano não, a partir da década de 1960 e até a década de 1990, Warren e um grupo de colegas entusiastas de Benjamin Graham se reuniam para discutir sua filosofia. Uma das perguntas conceituais que costumavam formular uns aos outros era: "Se você tivesse que aplicar todo o seu dinheiro numa única ação e ir para uma ilha deserta por 10 anos, qual seria?" Uma variante dessa pergunta é: "O que você compraria hoje e manteria sem pestanejar se fechassem a bolsa de valores nos próximos 10 anos?" Essas perguntas fazem você parar de pensar a curto prazo e começar a pensar a longo prazo. Quando você começa a pensar a longo prazo, começa a pensar na qualidade e na natureza econômica de longo prazo da empresa. Você se indaga se o produto da empresa possui uma vantagem competitiva durável. Isso significa margens altas com um produto que não precisa mudar. Significa também que a fábrica e os equipamentos nunca ficarão obsoletos, portanto você jamais precisará de readaptações e terá custos baixos de pesquisa e desenvolvimento. Custos baixos significam margens altas, e margens mais altas significam mais dinheiro. Em 1982, a empresa que Warren afirmou que compraria sem se importar se o mercado de ações fechasse por 10 anos foi a Capital Cities Communications. Em 2006, ele provavelmente apontaria a Coca-Cola Company, contanto que pudesse comprá-la a uma relação preço/lucro inferior a 20. Warren não se incomodaria de ficar à toa numa ilha deserta, desde que estivesse ficando rico.

· 120 ·

**O investidor de hoje não lucra com
o crescimento de ontem.**

É com o crescimento de amanhã que o investidor de
hoje lucrará. Se eu comprar uma empresa hoje, o lucro
que obterei com ela está todo no futuro. Não ganho nenhum dinheiro do passado. A pergunta é: haverá crescimento? E, em caso positivo, quanto estou disposto
a pagar por ele? Se a empresa possui uma vantagem
competitiva durável, ela crescerá, mas, se você pagar
demais pela ação, essencialmente reduzirá o montante
de dinheiro que ganhará no futuro com o investimento
– o que reduz sua taxa anual de retorno. Você gastaria
US$ 100 milhões com uma empresa se ela lhe rendesse
apenas US$ 1 milhão ao ano? É duvidoso. Mas você não
perderia a chance de gastar US$ 100 milhões com uma
empresa que o fizesse lucrar US$ 20 milhões ao ano.
Esses são os extremos. As decisões difíceis envolvem
o que está no meio do caminho. Se quiser fazer como
Warren, porém, você chegará a se afastar do meio para
ficar só com as ações fáceis.

· **121** ·

**Eu seria um mendigo nas ruas
com uma caneca de lata se
os mercados fossem eficientes.**

No mundo dos investimentos existe uma teoria de que os mercados de ações são eficientes, de que as cotações dos preços das ações representam exatamente o valor da ação naquele dia, dadas todas as informações conhecidas sobre ela. De uma perspectiva de curto prazo, o mercado de ações é razoavelmente eficiente, mas a eficiência criada pela perspectiva de curto prazo costuma gerar erros nos preços a longo prazo. Isso significa que, de uma perspectiva de longo prazo, o mercado de ações costuma ser ineficiente. Warren cita seu investimento na Washington Post Company ao descrever a ineficiência do mercado. Em 1973, a Washington Post Company possuía o jornal *The Washington Post*, a revista *Newsweek* e quatro redes de televisão valendo, segundo uma avaliação conservadora, US$ 500 milhões – no entanto, o mercado de ações estava avaliando a empresa inteira em apenas US$ 100 milhões. Por que tão pouco? Porque, de uma perspectiva de curto prazo, Wall Street não achava que a ação renderia muito no ano seguinte, e tinha razão: não rendeu mesmo. Mas de uma perspectiva de longo prazo tratava-se de uma compra imperdível, e Warren comprou US$ 10 milhões em ações da empresa. Trinta anos depois, aquele investimento de US$ 10 milhões valia US$ 1,5 bilhão. O fato a ser lembrado é que a eficiência a curto prazo muitas vezes cria uma ineficiência a longo prazo, que você pode explorar para ficar super-rico.

· 122 ·

No que me diz respeito, o mercado de ações não existe. Ele só está ali como uma referência, para sabermos se alguém está se candidatando a fazer besteira.

Wall Street está sempre falando das altas e baixas do mercado de ações e de sua capacidade de prever a próxima guinada. Warren não está nem um pouco interessado na tendência do mercado; só lhe interessa saber se os administradores míopes que escolhem as ações dos grandes fundos mútuos fizeram alguma besteira de uma perspectiva de longo prazo. Para descobrir, ele lê *The Wall Street Journal*, que é ótimo em acompanhar besteiras desse tipo.

· 123 ·

**Acreditamos que chamar instituições
que negociam freneticamente de investidores
é como chamar de romântico alguém
cujos namoros só duram uma noite.**

A loucura com que os fundos mútuos e fundos hedge negociam ações não tem limites. Usam uma estratégia chamada *momentum investing*, que exige que comprem uma ação cujo preço está subindo rapidamente e a vendam se o preço está caindo rapidamente. Se houver uma queda nos lucros, ainda que ligeira, eles vendem a ação, e se houver um aumento, ainda que modesto, eles a compram. Se houver perspectiva de guerra, vendem, e se houver perspectiva de paz, compram. Tudo isso em nome de tornar o fundo o mais bem-sucedido do ano, uma honra que trará milhões em dinheiro novo para administrar, de um público tão tacanho que até um trimestre ruim fará com que troque um fundo por outro. Isso não é investir, é especular sob o disfarce de investimento. Investir é comprar uma parcela de uma empresa e observá-la crescer; especular é apostar as fichas no preço das ações a curto prazo. O primeiro tornará você super-rico; o segundo tornará super-ricos os gerentes dos fundos que estão jogando dados.

· 124 ·

Nós não temos, nunca tivemos e jamais teremos uma opinião sobre como estarão o mercado de ações, a taxa de juros ou a atividade econômica daqui a um ano.

Imagine ser capaz de ganhar bilhões no mercado de ações e não ter uma opinião sobre esse mercado ou as taxas de juros. Como Warren consegue essa proeza? Ele consegue porque todas as outras pessoas estão preocupadas com as oscilações do mercado de ações e com a tendência dos juros no próximo ano, o que significa que acabam fazendo besteira, como vender ações de uma empresa com ótimos fundamentos econômicos de longo prazo só porque o Fed poderá elevar as taxas de juros em 0,25%. E, quando esses investidores impressionáveis vendem ótimas empresas por algum motivo fútil, Warren está à espreita para comprá-las; uma vez que ponha as mãos nelas, não as larga tão cedo. Portanto, se quiser se tornar super-rico, ignore toda a boataria sobre como anda ou andará o mercado de ações, esqueça o Fed e as taxas de juros e concentre-se em estimar o valor econômico de longo prazo de empresas com uma vantagem competitiva duradoura; depois, verifique por quanto suas ações estão sendo vendidas em relação a esse valor. Quando estiverem subvalorizadas, compre-as; quando estiverem supervalorizadas, fique longe delas.

Se você for diligente e perseverar com esse programa por tempo suficiente, acabará adquirindo uma carteira de empresas fantásticas que o tornarão super-rico a longo prazo, como aconteceu a Warren.

· 125 ·

**Entre os milionários que conheci,
o dinheiro só realça seus traços básicos.
Se eram imbecis antes de ter dinheiro,
são simplesmente imbecis com US$ 1 bilhão.**

O dinheiro só faz você ser mais o que já é. Se você era benévolo e generoso antes de ficar rico, será ainda mais depois de enriquecer. Mas se você era mesquinho antes de ficar rico, continuará sendo mesquinho depois de enriquecer. É só pensar em Ebenezer Scrooge para entender esse fato.[*] Scrooge, por outro lado, precisou começar a ver fantasmas antes de entendê-lo. No fim das contas, pessoas boas são pessoas boas, sejam ricas ou pobres – mas o que importa é que são pessoas boas, não se são ricas ou pobres.

---

[*] Personagem de *Um conto de Natal*, de Charles Dickens, que serviu de inspiração para a criação do Tio Patinhas (Uncle Scrooge, em inglês). (N. do T.)

Agradecimentos

Gostaríamos de agradecer em primeiro lugar a Warren Buffett. Embora não tenha participado da redação deste livro, somos eternamente gratos a ele pela sabedoria e generosidade. Sua genialidade como investidor é ofuscada apenas por sua filantropia, que legará às gerações futuras os frutos de sua paixão pelos investimentos.

Gostaríamos também de agradecer à nossa editora, Roz Lippel, da Scribner. Ela é a melhor do ramo, com quem é sempre uma alegria trabalhar.

Somos também especialmente gratos à nossa editora anterior, Eleanor Rawson, que nos ajudou a conceber a série Buffettology de livros sobre investimentos e nos ensinou o ofício de preparar livros; à incrível Cindy Connolly Cates, que revisou nossos textos preliminares; a Richard Fischer, por ser um santo; e a Fritz Perlberg, por saber o que é um verdadeiro amigo.

Muitas pessoas nos instruíram ainda mais no mundo dos investimentos e negócios. Entre os dignos de nota estão: o administrador de investimentos e escritor Timothy P. Vick, uma das grandes cabeças de uma geração nova; a saudosa Rose Blumkin, fundadora da Nebraska Furniture Mart, que nos deu uma aula sobre como "fazer negócios" no ramo dos móveis e tapetes (melhor do que qualquer professor que já lecionou em Harvard); Barnett C. Helzberg Jr., ex-CEO da Helzberg Diamonds, por escrever *What I Learned Before I Sold to Warren Buffett* (O que aprendi antes de vender minha empresa para Warren Buffet), um dos melhores livros de todos os tempos sobre o varejo e uma leitura obrigatória para qualquer estudante sério de negócios; e o escritor e historiador Andrew Kilpatrick, cujos livros são leitura indispensável para qualquer buffettologista.

Somos também extremamente gratos aos nossos decanos do passado do mundo dos investimentos: Bernard Baruch, Philip Fisher, Walter Schloss e Benjamin Graham. Esses são os gigantes em cujos ombros nos apoiamos.

Mais importante, gostaríamos de agradecer ao galante Sam Haygood e à encantadora Kate Clark, que tornam a vida maravilhosa.

Conheça outro título dos autores

Warren Buffett e a análise de balanços

Ao longo de sua carreira, Warren Buffett desenvolveu um método único para selecionar as empresas nas quais investir.

Por meio da análise dos balanços, ele acumulou bilhões de dólares apostando apenas nas organizações com uma vantagem competitiva de longo prazo.

Mary Buffett e David Clark demonstram que Buffett criou sua riqueza com a ideia revolucionária de que as empresas com uma vantagem competitiva durável mostram tanta força e previsibilidade no crescimento do lucro a ponto de esse aumento transformar suas ações em uma espécie de *equity bond* (título com participação patrimonial) com pagamento de juros cada vez mais altos.

Além disso, este livro vai ajudar você a entender:

- Como Buffett interpreta as demonstrações financeiras e os balanços patrimoniais para avaliar uma empresa.
- Como Buffett aplica os coeficientes e cálculos financeiros para identificar companhias que possuem uma vantagem competitiva durável.
- Que volume de dívidas Buffett acredita que uma organização pode suportar antes de se tornar um investimento de risco.
- Que tipos de empresas Buffett evita apesar da baixa cotação de suas ações.

Para saber mais sobre os títulos e autores da Editora Sextante,
visite o nosso site e siga as nossas redes sociais.
Além de informações sobre os próximos lançamentos,
você terá acesso a conteúdos exclusivos
e poderá participar de promoções e sorteios.

sextante.com.br